KOMPASS

DES ISCH Südtirol

LANDSCHAFT, KULTUR UND TRADITION VORGESTELLT

55 WANDERTOUREN MIT ANEKDOTEN VON BUONOMEMES

D1920179

mit Oma Moidl & Opa Walter

EIN AUTHENTISCHER SÜDTIROL-FÜHRER

VORWORT UND EINLEITUNG

HOI! SCHIAN DASSA DO BISCH!

Hoi

Servus und Griaßt enk liebe Wanderfreunde und Südtirol-Enthusiasten!

Haltet mal kurz eure Wanderstöcke still und spitzt die Ohren, denn ihr haltet mehr als nur ein gewöhnliches Wanderbuch in den Händen. Dies ist eure Eintrittskarte und Einladung in eine Welt, in der Tradition auf Abenteuer trifft.

Begleitet von Südtirols Promi-Senior und Bauer Opa Walter, nehmen wir euch mit auf eine humorvolle Reise durch die schönsten und „bärigsten" Ecken Südtirols, immer mit einem Augenzwinkern und einem Blick für das Besondere an unserem kleinen Land.

Hier erfahrt ihr, wie die Südtiroler ticken, warum der Südtiroler Bauernschurz mehr ist als nur ein Stück Stoff, warum die Südtiroler Fahrzeuge manchmal genauso stur sind wie die Esel von einst und vieles mehr.

Also schnürt eure Wanderschuhe, packt euren Rucksack und lasst uns gemeinsam die Berge, Täler und natürlich auch die urigen, einzigartigen Merkmale Südtirols erkunden. Und wer weiß, vielleicht entdeckt ihr ja auf euren Wanderungen nicht nur atemberaubende Landschaften, sondern auch eure Begeisterung für Südtirol.

„Und sunst muasch di holt schleichen" – Opa Walter

Berg Heil und viel Spaß beim Wandern!

fesch!

SÜDTIROL PANORAMA

Der Blick vom Ortler 46° 30‘ 32“ N, 10° 32‘ 4

KOMPASS

SÜDTIROL -

ALTO ADIC

zu den Drei Zinnen 46° 37' 9" N, 12° 18' 9" O

DOLOMITEN

DOLOMITI

INHALT

TOUREN

Vinschgau

Rund um Meran

Rund um Bozen

Rund um den Kalterer See

Der Süden

INHALT

TOUREN

Dolomiten

SÜDTIROL

Imst
Landeck
Neustift im Stubaital
Pfunds
Sölden
Reschensee
St. Leonhard in Passeier
Mals
Glurns Glorenza
Merano Meran
Naturns
Schlanders
BOLZANO BOZEN
Bormio
Lago di Santa Giustina
Cles
Ponte di Legno
Mezzocorona
Edolo
Pinzolo
Molveno

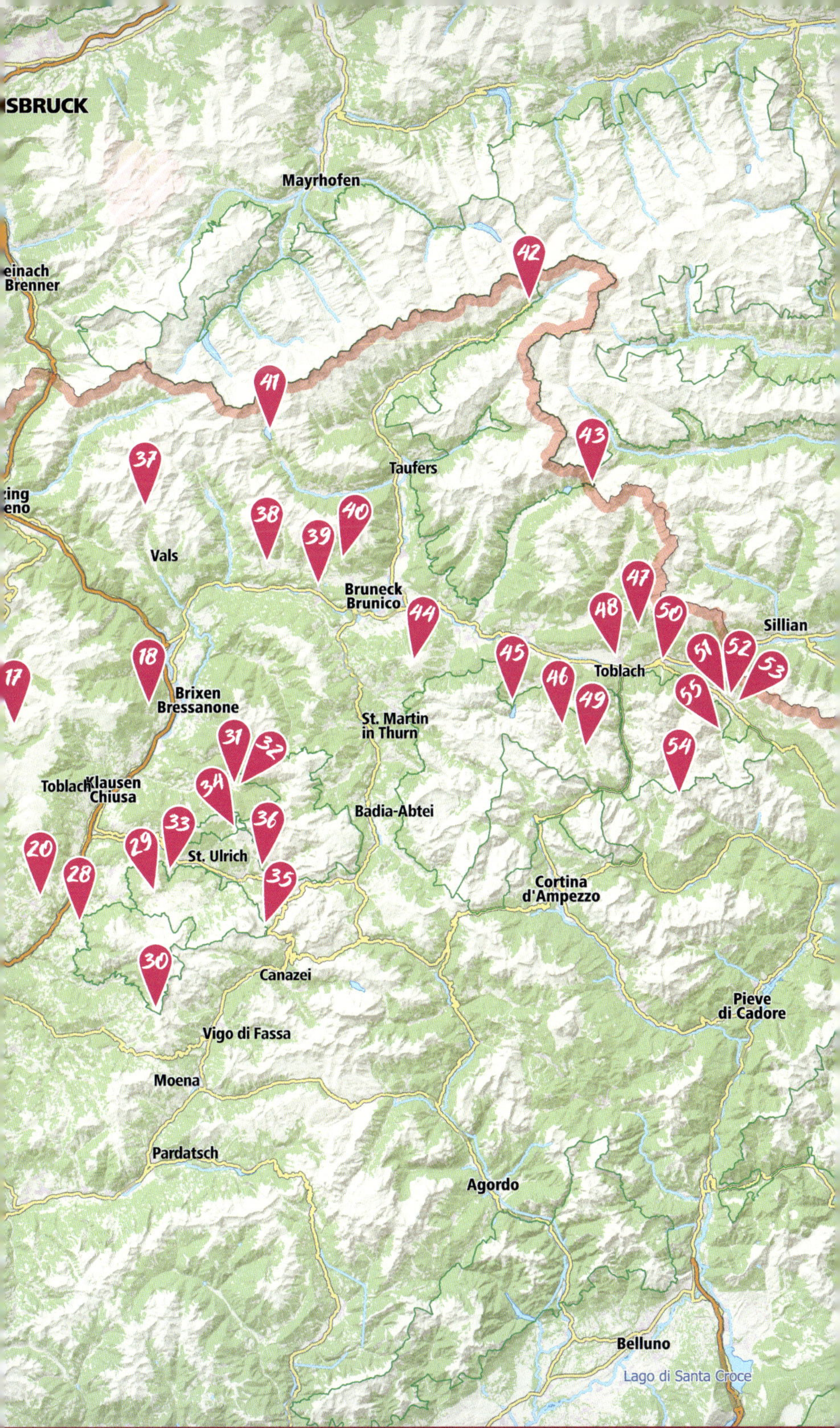

SBRUCK
Mayrhofen
einach
Brenner
zing
eno
Vals
Taufers
Bruneck
Brunico
Sillian
Toblach
Brixen
Bressanone
St. Martin
in Thurn
Toblach Klausen
Chiusa
Badia-Abtei
St. Ulrich
Cortina
d'Ampezzo
Canazei
Pieve
di Cadore
Vigo di Fassa
Moena
Pardatsch
Agordo
Belluno
Lago di Santa Croce
42
41
43
37
38
39
40
44
47
48
50
45
46
49
51
52
53
55
54
18
17
31
32
34
36
33
29
20
28
35
30

SÜDTIROL

Meran
Vinschgau
Bozen
Kalterer See
Der Süden
Ortler Alpen
Vinschgau
Ötztaler Alpen
Stubaier Alpen
Sarntal
Nauders
Reschenpass
Mals (Mälles)
Glurns (Glorenza)
Schlanders (Silandro)
MERAN (MERANO)
BOZEN (BOLZANO)
Nonsberg-gr.
TRENTO (TRIENT)
Mezzolombardo
Adamello-Presanella-Alpen
Val di Sole
Valli Giudicarie
Val Lagarina
Tione
Arco
Riva
Rovereto
Vizentiner Alpen
Naturpark
Via Claudia Augusta
Lago di Garda

Pustertal
Dolomiten
Zillertaler Alpen
Naturpark
Nationalpark
Venedigergruppe
Ahrntal
Rieserfernergr.
Bruneck (Brunico)
Brixen (Bressanone)
Toblach (Dobbiaco)
Seiser Alm
Sellagr.
St. Ulrich
Grödner Tal
Fassatal
Cortina d'Ampezzo
Drei Zinnen
Auronzo
Marmarole
Südliche
Karnisch
Pala-gruppe
Le Vette Feltrine
BELLUNO
Feltre
Fonzaso
Valdobbiàdene
Conegliano
Vittório Veneto
Bosco d. Cansiglio
Predazzo
S. Martino di Castrozza
Lienz
Matrei i. Osttirol
Sterzing
St. Jakob
Sand i. Taufers
Welsberg
Niederdorf
Innichen
Sexten
Pieve di Cadore
Longarone
Àsolo

SÜDTIROL DAS LAND

Du möchtest Berge und Wasser? Pasta und Knödel? Ruhe und Abenteuer? Du möchtest „Buongiorno“ sagen können, aber deine Pizza lieber auf Deutsch bestellen? Und kannst dich nicht entscheiden? In Südtirol musst du das auch nicht. Die Region ist so vielfältig wie deine Vorstellungen. Und genau das macht ihren Reiz aus.

Wer kennt sie nicht, die Brennerautobahn? Unter Nord-Süd-Reisenden allseits bekannt. Doch in Südtirol gibt es mehr als nur Stau. Grüne Täler, schroffe Gipfel, klare Seen – so weit das Auge reicht. Schnell taucht man ein in 7.400 Quadratkilometer voller Kontraste und Möglichkeiten. Nach einer bewegten Geschichte gehört Südtirol mittlerweile seit etwa einem Jahrhundert zu Italien und bildet heute die nördlichste Provinz des Landes.

Den Puls der Region spürt man wohl am besten in der Landeshauptstadt Bozen, südlich des Brenners. Hier trifft mittelalterliche Kulisse auf modernen Chic. Die traditionsreiche, weltoffene Stadt besticht mit Charme und lädt zum Verweilen ein. Vielleicht auf ein Glas Wein?

Zumindest findet man im Südtiroler Süden, unweit von Bozen, jede Menge davon. Zwischen Palmen, Zypressen und

Seis am Schlern

Zitronenbäumen erstrecken sich Apfelhaine und Weinberge. Das milde Klima zeigt sich auch am Kalterer See. Mit sommerlichen Wassertemperaturen von bis zu 28° C gilt er als wärmster Badesee der Alpen – und das, obwohl er nur knapp zwei Fahrtstunden vom höchsten Gipfel Südtirols entfernt liegt: Dem Ortler. Nicht ganz ein Viertausender – und doch überragt er mit seinen 3.905 Metern alle anderen Berge der Ostalpen.

Er liegt im Vinschgau, einem Tal voller Gegensätze. Auf Augenhöhe erstrecken sich Obstplantagen, an den Hängen thronen Burgen und Schlösser. Hebt man den Blick über die weiten Täler, lassen sich zwischen beeindruckenden Bergformationen die weißen Gletscher entdecken. Diese Vielfalt reicht vom Reschensee bis in die Kurstadt Meran. Jugendstilbauten,

Tramin an der Weinstraße

Palmen und jede Menge Blumen – hier kommt südliches Flair auf. Bekannt sind Meran und das Vinschgau auch für ihre Waalwege. Diese eröffnen nicht nur Ausblicke auf das Meraner Land, sondern auch Einblicke in die traditionellen Bewässerungssysteme der Region.

Noch höher hinaus gelangt man weiter östlich: im Pustertal. Wer Idylle und Ursprünglichkeit sucht, ist hier genau richtig. Das Pustertal mit seinen bäuerlichen Wurzeln, bietet nicht nur beeindruckende Berggipfel, sondern auch ruhige Almwiesen und Wälder. Filmreif sind die Naturschauspiele hier an vielen Ecken, ganz besonders aber in den Dolomiten: über 200 Millionen Jahre alt und seit 2009 UNESCO-Weltnaturerbe. Hier findet jeder und jede sein eigenes Highlight, sei es der Anblick der Drei Zinnen, das Alpenglühen oder der Pragser Wildsee.

Doch nicht nur in den Dolomiten kommen Outdoorfans auf ihre Kosten. Zwei Drittel der Fläche Südtirols befinden sich über einer Höhe von 1.500 Metern. Rund 350 Gipfel erreichen die 3.000er-Marke. Mit 16.000 Kilometern Wanderwegen kann man in Südtirol quasi die halbe Erde umrunden. Gut, nicht ganz – viel fehlt dafür jedoch nicht mehr. Tal- und Höhenwege, Klettersteige, Radtouren entlang der Etsch – hier ist wirklich für alle Geschmäcker etwas dabei.

Die auch sonst gut ausgebaute touristische Infrastruktur überzeugt jedes Jahr Millionen Reisende. Bei dem immer weiter wachsenden Zustrom an Besuchenden, ist es umso wichtiger, dass der natürliche Lebensraum Südtirols erhalten bleibt. Bereits in den 1930er-Jahren

Pragser Wildsee

entstand der Nationalpark Stilfser Joch. Es folgten sieben Naturparks. Heute steht knapp ein Viertel der Region unter besonderem Schutz. Nur so kann die Landschaft Südtirols auch künftig zum Staunen einladen.

So facettenreich wie die Natur sich zeigt, so vielfältig ist auch die Kultur. Deutsch, Italienisch, Ladinisch: Das sind die drei Landessprachen Südtirols, wobei Letztere Südtirols Ursprache darstellt und bereits über 1.000 Jahre alt ist. Alle drei prägen das Südtirolerische – die Lebensart, die Tradition und nicht zuletzt die Küche. Die kulinarische Landschaft der Region bildet einen Schnittpunkt zwischen alpiner Bodenständigkeit und mediterraner Leichtigkeit. Eine Vielfalt, die sich nicht nur auf dem Teller, sondern auch in den Wiesen und Weiden, in den Apfel- und Birnenplantagen sowie in den sonnenverwöhnten Weinbergen widerspiegelt.

Natur und Kultur verbinden sich in Südtirol auf einzigartige Weise. Menschen und ihre Geschichten prägen die Region – gestern wie heute. So auch die zwei wohl berühmtesten Persönlichkeiten Südtirols: Ötzi und Reinhold Messner. Gleich dahinter kommt natürlich wer? Na klar, Oma Moidl und Opa Walter. Ihr kennt sie noch nicht? Buonomemes stellt sie euch vor.

Wo muss ich lang?

ALLGEMEINE TOURENHINWEISE UND LEGENDE

Schwierigkeits-Bewertung

● **Blau** – Hier handelt es sich um gut angelegte (Berg-)Wege ohne echte Gefahrenstellen, die jedermann begehen kann. Das schließt aber kräftige Steigungen nicht aus. Diese Routen sind zudem gut beschildert und markiert. Auch für alpine Anfänger geeignet.

● **Rot** – Diese Wege und Steige verlaufen in hochalpinem Gelände, können also durchaus steil und steinig sein, vielleicht auch mal durch leicht schrofiges Gelände führen (evtl. Drahtseile), ohne allerdings ernste Gefahrenstellen zu bieten. Ein Mindestmaß an alpiner Erfahrung, etwas Trittsicherheit und festes Schuhwerk sollen nicht fehlen. Auch diese Routen, wie fast alle im Bereich des Führers, sind meist ausreichend beschildert und gut markiert.

● **Schwarz** – Hier findet man wirklich anspruchsvolle Bergwanderungen in manchmal felsdurchsetztem Gelände. Es gibt ausgesetzte und gefährliche Stellen und diese Touren sind meist recht lang. Kondition, Schwindelfreiheit, Trittsicherheit und Geschicklichkeit sind ebenso notwendig wie Bergschuhe und richtige Ausrüstung. Hier wirken sich die herrschenden Verhältnisse wie Nässe, Nebel, Neuschnee, Altschneefelder usw. besonders deutlich aus. Auch diese Routen sind meist ausreichend beschildert und markiert. Für Anfänger ungeeignet!

Wandern am Fuße der 3851 Meter hohen Königspitze im Ortlergebiet

ALLGEMEINE TOURENHINWEISE UND LEGENDE

Verkehr

Autobahn	Standseilbahn
Schnellstraße	Seilbahn, Gondelbahn
Hauptstraße / Bundesstraße	Sessellift
Nebenstraße, schmale Nebenstraße	Schifffahrtslinie
	Hafen
Fahrweg, Forstweg / Güterweg	Schiffsanlegestelle
Karrenweg	Personenfähre
Fußweg, Steig	Autofähre
Gletscherübergang	Parkhaus
Straße in Planung, Straße in Bau	Parkplatz
	Bushaltestelle
Tunnel	Flughafen
Eisenbahn mit Bahnhof / Haltestelle	Flugplatz / Sportflugplatz
Eisenbahntunnel	
S-Bahn	

Relief und Vegetation

Geröll, Sumpf / Moor	Naturschutzgebiet / Nationalpark / Naturpark
Heide, Sand	
Wald, Kampfwald (Latschen, Krummholz)	Wein, Obst / Hopfen

Sport und Freizeit

Minigolf, Kinderspielplatz	Bootsverleih, Angeln
Trimmpfad / Fitness-parcours, Grillplatz	Hallenbad, Freibad / Badesee
Klettersteig, gesicherter Wegabschnitt	Sportplatz, Sprungschanze
Wildpark, Findling	

Touristische Hinweise

Information, Jugendherberge	Krankenhaus / Notarztstation
Hotel / Gasthof / Restaurant	Aussichtsturm
Schutzhütte / Berggasthof (im Sommer und Winter)	Schöner Ausblick, Rundblick
Schutzhütte / Berggasthof (Sommerbewirtschaftung)	Kirche, Wallfahrtskirche
	Kapelle, Denkmal
Jausenstation / Almwirtschaft / Imbissstube	Burg / Schloss, Ruine
	Kloster
Buschenschenke / Heuriger, Unterstand	Ausgrabungen, ehemalige Festung
Hütte / Biwak (unbewirtschaftet)	Wegkreuz
Campingplatz, Sehenswürdigkeit	Bildstock, Bildbaum
Museum, Museumsbahn	885 Höhenpunkt, Gipfelkreuz

Was ist eine Legende?

Eine Kartenlegende ist die Erklärung aller Signaturen (Symbole), die auf einer Wanderkarte verwendet werden. Neben der Symbolik sollten auch der Maßstab und Abkürzungen angegeben und erklärt sein. Die Legende ist das Hilfsmittel, um eine Karte lesen zu können. Auf einer Karte sind Unmengen an Informationen verortet. Um diese einheitlich und reduziert darzustellen, arbeiten KartografInnen mit Illustrationen. Eine gute Karte hat ein intuitives Kartenbild. Das bedeutet, man erfasst die grundsätzliche Aussage der Karte beim ersten Anblick. Mit der Schummerung (Schattenwurf von Bergen) und den Höhenlinien wird ein plastischer Eindruck von Bergen auf der Karte erzeugt. So können Berge und Täler vermittelt werden.

Wichtige Notrufnummern

118 Bergrettung
sowie Rettung
1515 Waldbrandmeldung
115 Feuerwehr
112 Europäischer Notruf

Ausrüstung

Wichtige Voraussetzung für das Gelingen einer Bergwanderung ist neben dem genauen Studium von Führer und Karte eine optimale Ausrüstung.

Zur Grundausrüstung gehören solide, gut passende Bergschuhe mit griffiger Profilgummisohle;
Turnschuhe oder zu leichte Wanderschuhe bieten auf rutschigem Fels, auf steilen Geröllhalden und auf Altschneefeldern keinen Halt!

Bei der Oberbekleidung ist alles erlaubt, was angenehm zu tragen ist. Sehr wichtig sind eine wasser- und windabweisende Jacke und Überhose (Regenschutz). Zu empfehlen ist auch ein Wechselleibchen oder Zweithemd, um nach schweißtreibendem Anstieg in trockene Wäsche schlüpfen zu können.

Sonnenbrille, Mobiltelefon und Erste-Hilfe-Paket sollten auch in einem kleinen Rucksack den notwendigen Platz finden!

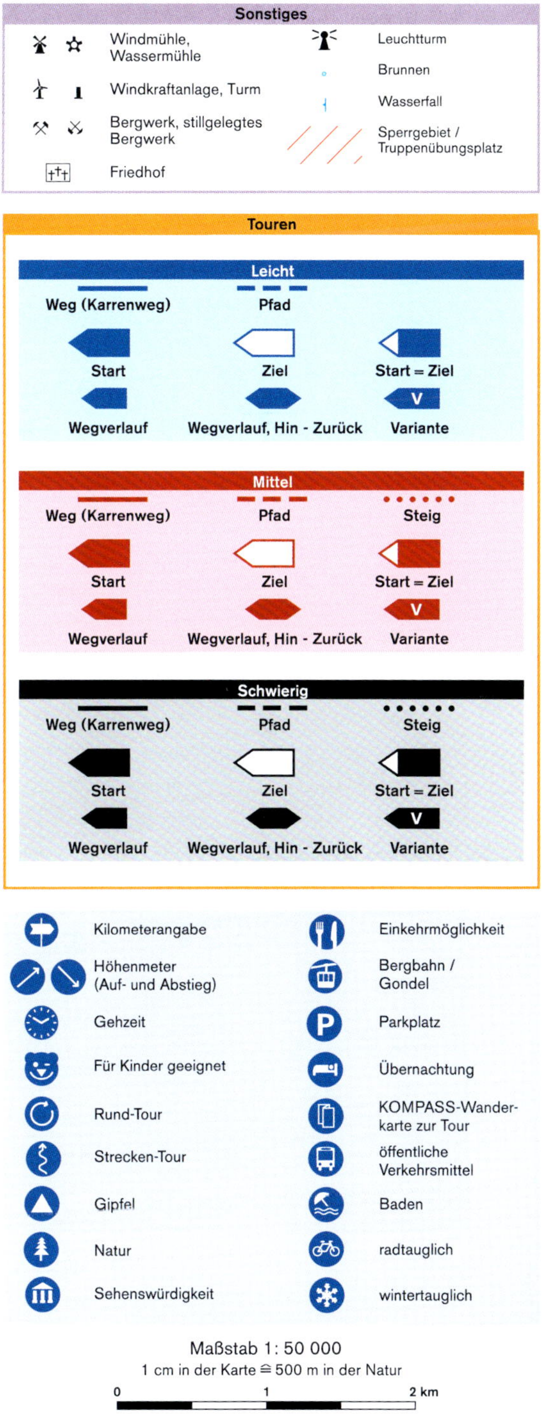

DIE SCHÖNSTEN FLECKEN SÜDTIROLS

& Mandarinen

Vinschgau

01

Reschensee - Reschner Alm

Almenparadies im obersten Vinschgau

START | Reschen, nördl. Ortsrand an der Abzweigung nach Rojen, 1497 m
CHARAKTER | Einfache Wanderung auf Forststraßen und guten Bergwegen ohne steilere Anstiege; teils lästiger Verkehr um die Alm, am Wochenende und in der Hauptferienzeit

9 km
03:15 h
530 hm
530 hm

Auch wenn der Vinschgau für sein mildes Klima bekannt ist – die Region rund um den Reschenpass kann sehr rau sein. Es fällt zwar nicht so viel Schnee wie in vergleichbaren Teilen der Alpen, doch die Winter sind oft kalt. Daher liegen die Almen von Reschen und Graun meist tiefer als im übrigen Vinschgau. So ist es auch bei der Reschneralm. Früher wurde hier nicht nur Weidevieh gehalten; viele Bergwiesen wurden auch als Mähder bewirtschaftet. Doch diese mühsame Form der Berglandwirtschaft geriet zunehmend ins Abseits. Erst durch die in Südtirol reichlich fließende Förderung für traditionelle Landwirtschaft beginnt sich der Trend allmählich umzukehren.

Von **Reschen** 01 (Kreuzung der SS 40 mit der Straße nach Rojen) folgen wir dem mit Nr. 4 und 5 markierten Weg, der in einem Bogen um den Partschunwald herumführt. Dieser Teil des Anstiegs ist nicht nur ein Wanderweg, sondern gleichzeitig ein Kreuzweg. Die 14 Stationen begleiten uns auf dem Anstieg zum kleinen Wallfahrtskirchlein am **Valiert Eck** 02, das nach ca. 0:45 Std. erreicht ist und zu einer kurzen Besinnung einlädt. Knapp oberhalb der Kirche leitet uns Weg Nr. 7 über einen Moränenrücken weiter hangaufwärts. Wer die Zeichen der Landschaft zu lesen weiß, erkennt deutlich die Spuren der letzten Eiszeit: die bereits erwähnte Moräne und die deutlich abgerundete, trogförmige Mulde des Reschenpasses. Auch an stummen Zeugen der traditionellen Berglandwirtschaft leitet der Weg vorbei; verwitterte Heustadel trotzen den harten Wintern. Manche werden liebevoll in Stand gesetzt, andere verfallen und werden in wenigen Jahren verschwunden sein. Fast auf der Höhe der Alm treffen wir auf eine Forststraße, der wir nach rechts Richtung Norden folgen. Nach gut 2 km ist die bewirtschaftete **Reschneralm** 03 erreicht und eine kurze Einkehr belohnt für den Aufstieg. Von der Alm beginnt der Abstieg auf dem nun wieder mit Nr. 4 und 5 markierten Weg. Über die Pofelwiesen, eine Mähderfläche mit jahreszeitlich wechselndem Blumenschmuck, geht es durch drei lang gezogene Kehren wieder dem Kreuzweg entgegen, an dem der Aufstieg seinen Anfang nahm. Für den Rest des Rückweges nach Reschen folgen wir wieder dem Kreuzweg und erreichen so in kurzer Zeit den Ausgangsort **Reschen** 01.

Start

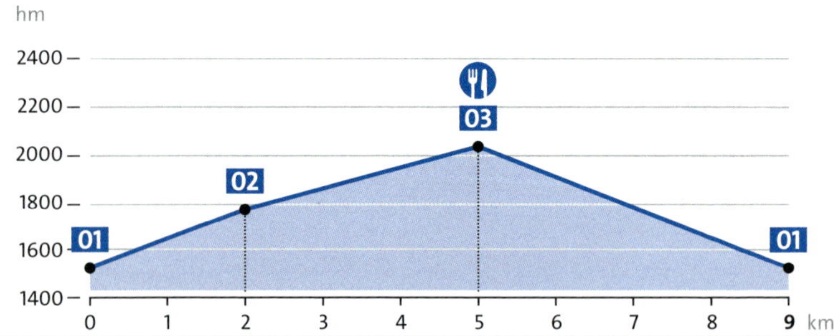

01 Reschen, 1497 m; 02 Valiert Eck, 1750 m; 03 Reschneralm, 2020 m

Das bekannte Wahrzeichen: der Kirchturm im Reschensee

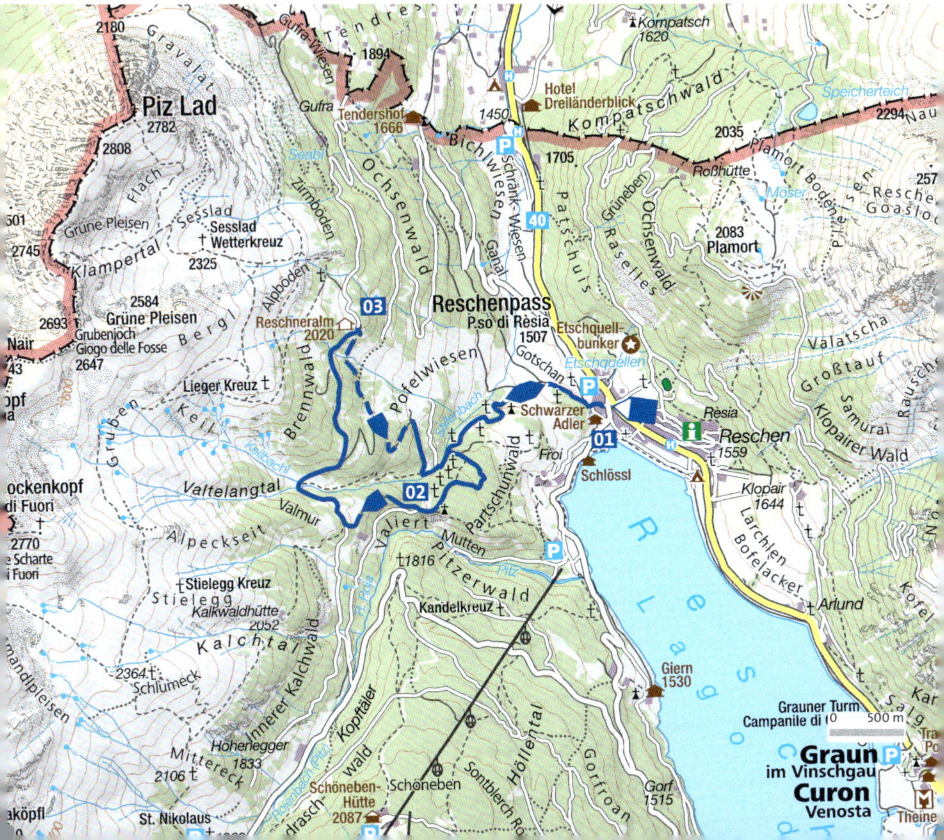

02 Rund um den Haidersee

Naturerlebnis auf einfachen Wegen

START | St. Valentin
CHARAKTER | Einfache Rundwanderung auf gut angelegten Wegen und Steganlagen, zum Teil als Themenweg ausgebaut.

5,25 km
01:15 h
4 hm
4 hm

Der Haidersee ist im Gegensatz zum nahen Reschensee ein natürliches Gewässer und hat trotz seiner Nähe zum Siedlungsraum und zur Staatsstraße viele naturkundliche Besonderheiten aufzuweisen. Auch geschichtlich ist der See interessant: Er diente dem nahen Kloster Marienberg über Jahrhunderte als Fischlieferant, da im klaren und kalten Wasser Forellen und Saiblinge optimal gedeihen.

▶ Vom Parkplatz an der Talstation der Gondelbahn in **St. Valentin** 01 wendet man sich auf einer der Dorfstraßen in südliche Richtung und erreicht in wenigen Minuten die Nordspitze des Haidersees. Der gut angelegte Weg führt am Ostufer des Sees weiter in südliche Richtung und durchmisst dabei den schmalen Streifen zwischen Seeufer und Staatsstraße.

Auch wenn es bei regem Verkehrsaufkommen etwas laut sein kann, bietet der Weg einen guten Einblick in die naturkundlichen Besonderheiten des Sees, die auch immer wieder an einzelnen Stationen eines Themenwegs erläutert werden. Am Rande der Wiesen im Süden des Sees entfernt sich der Weg allmählich von der Staatsstraße und strebt nunmehr in südwestlicher Richtung dem Ausrinn des Haidersees entgegen. Im Frühling und Herbst sind auf den Wiesen um den See immer wieder rastende Zugvögel zu beobachten, da eine der wichtigsten Vogelzugrouten durch Südtirol über den Reschenpass führt.

Start

Auf dem See selbst können immer wieder Wasservögel gesichtet werden, darunter gelegentlich auch einige Raritäten. Über Stege durch das Schilf erreicht man schließlich die **Südspitze des Haidersees** 02, quert auf einer Brücke den Ausrinn und wendet sich nun an der Westseite des Sees nach rechts in nördliche Richtung. Nahe am Ufer windet sich der Weg an der bewaldeten Seite des Haidersees entlang und strebt zügig dem Dorf entgegen. Nach einer guten Stunde erreicht man wieder den Ortsrand von **St. Valentin** 01 und gelangt in wenigen Minuten zurück zum Parkplatz am Ausgangspunkt.

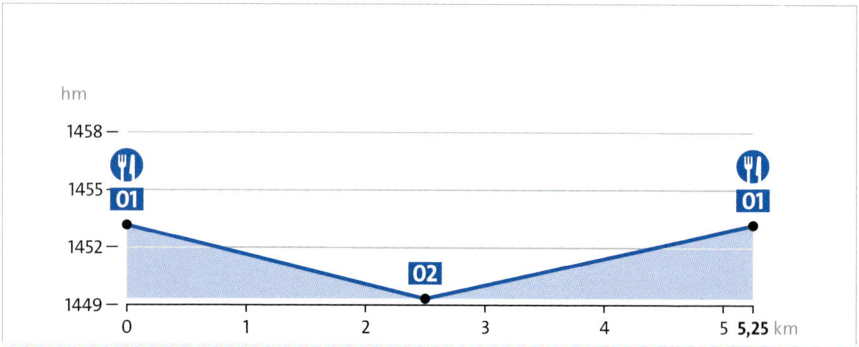

01 St. Valentin, 1453 m; 02 Haidersee Südspitze, 1449 m

Der Blick von oben auf den See

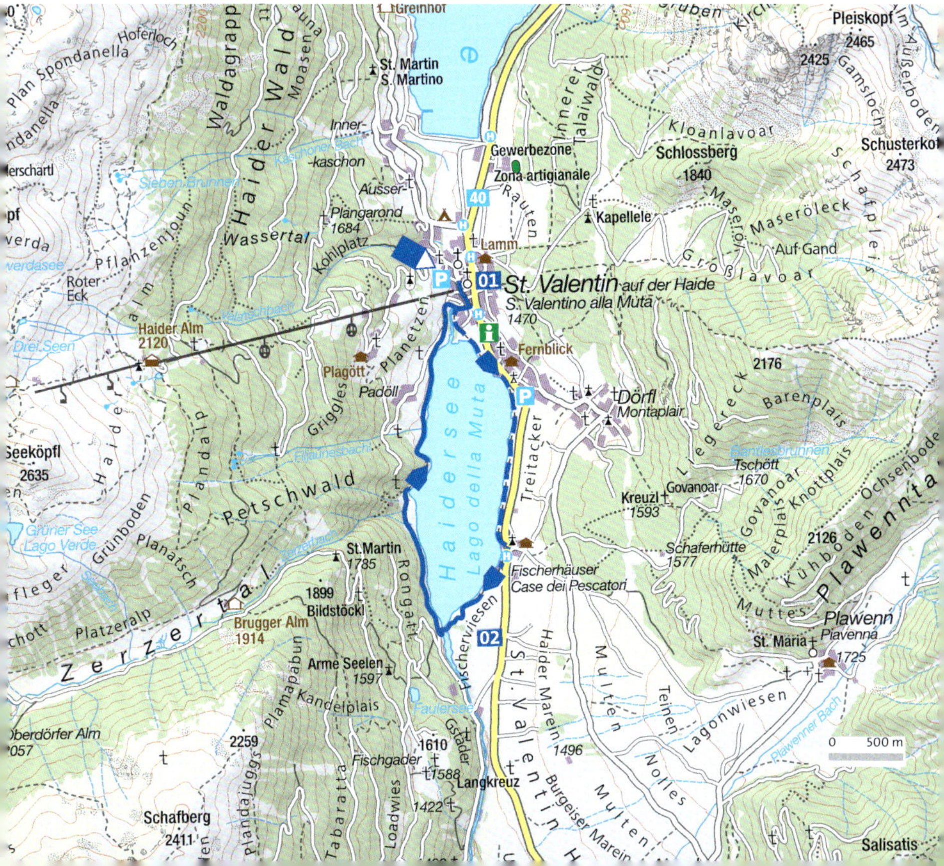

03 Unter Gletscher zur Weißkugelhütte

Refugium am Fuß der Ötztaler Eisriesen

START | Fraktion Melag im hintersten Langtauferer Tal, 1915 m
CHARAKTER | Eine Bergtour auf guten Steigen und Almwegen mit einigen steileren Wegpassagen. Die Hütte ist Ausgangspunkt für Fels-/Eistouren im Bereich der Weißkugel.

8,25 km
04:00 h
630 hm
630 hm

Nicht jeder Bergwanderer ist für Fels- und Eistouren in den südlichen Ötztaler Alpen gerüstet, doch manche Touren vermitteln auch dem Nichtalpinisten markante Einblicke in die Welt der Eisriesen und 3000er. Idealer Blickpunkt am Fuße der Gletscher ist die Weißkugelhütte, Ziel dieser lohnenden Tour, und zugleich „Basislager" für ambitioniertere Unternehmungen.

Vom Weiler **Melag** 01 folgen wir zunächst dem mit Nr. 2 markierten Weg taleinwärts. Gleich nach der Brücke über den Melagbach gabelt sich der Weg. Wir wählen für den Aufstieg den links abzweigenden Steig Nr. 3B, der am sonnseitigen Hang zügig und in teils sehr steilen Passagen an Höhe gewinnt. Ein kleiner Lärchenwald begleitet den Weg, der erst nach einem Wegkreuz etwas von seiner Steilheit verliert und an den Hängen unterhalb der Nockspitz weiter dem Talschluss entgegenzieht.

Im Graben des Valginbaches erreichen wir schließlich auf einer schönen Weidefläche die **Innere Schäferhütte** 02. Schon hier ist der Blick auf die Gletscher der südlichen Ötztaler Alpen sehr lohnend und lädt Fotografen mit Sicherheit zu einer kurzen Pause ein. Über die Inneren Salzplatten leitet der Steig weiter unserem Tourenziel entgegen und trifft knapp unterhalb der Hütte auf den aus dem Tal heraufführenden Hauptzustiegsweg.

Start

Nach der Vereinigung der beiden Wege leitet die Markierung Nr. 2 das letzte Stück zur **Weißkugelhütte** 03 hinauf. Wer die Wanderung für sich betrachtet, wird hier eine Rast sicherlich zu schätzen wissen, denn die leibliche Stärkung wird von der nahen Eiswelt mit reichlichen Panoramablicken garniert und bereichert.

Extremere Alpinisten dagegen werden in der Hütte ihr Lager beziehen und sich auf die kommenden Hochtouren vorbereiten. Für den Abstieg nach Melag folgen wir dem Hauptweg Nr. 2 zurück zur schon vom Anstieg bekannten Weggabelung und erreichen anschließend über zahlreiche

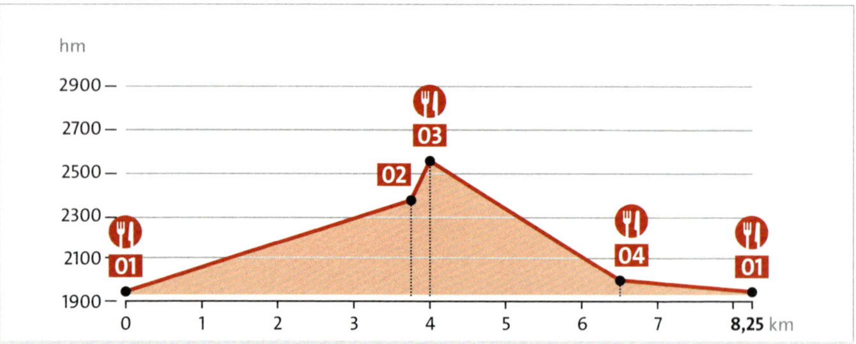

01 Melag, 1915 m; 02 Innere Schäferhütte, 2354 m; 03 Weißkugelhütte, 2542 m; 04 Melager Alm, 1970 m

Der Talschluss von Langtaufers

Kehren die **Melager Alm** 04. Auch die relativ neue Alm lockt zu einer Einkehr im Angesicht der nahen Ferner.

Für den weiteren Rückweg nach **Melag** 01 bleiben wir auf Weg Nr. 2, der abseits der Almstraße in den Weiler zurückführt.

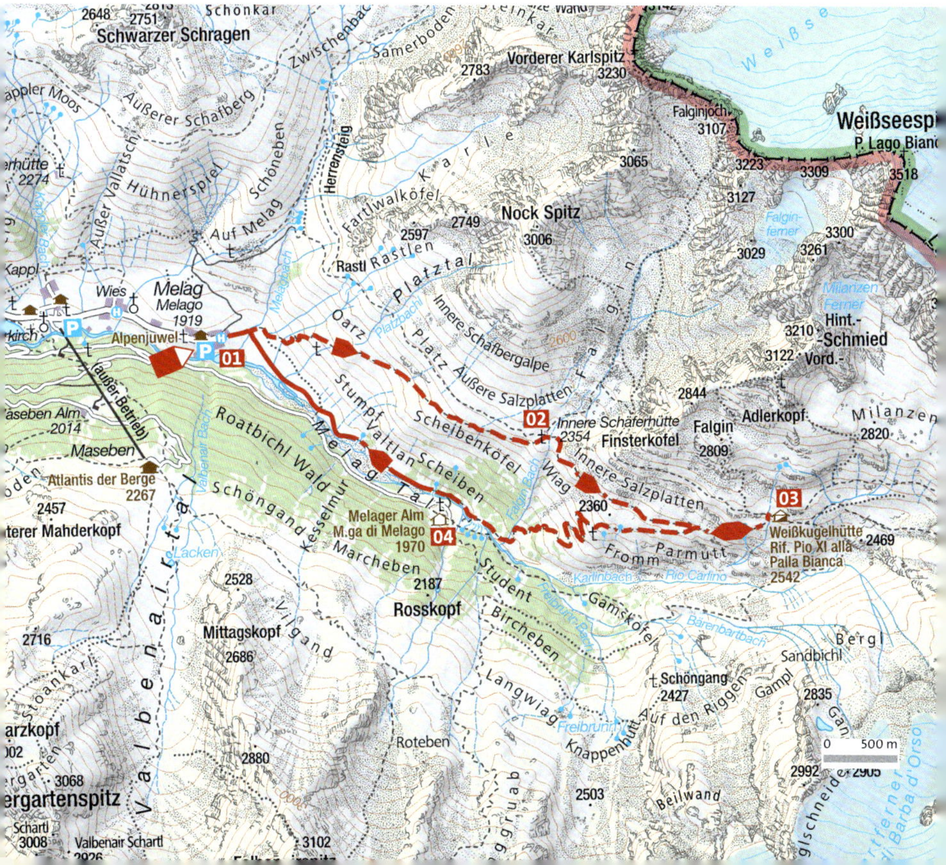

04 Tauferer Burgenrunde

Burgen im Banne der Eidgenossen

START | Ortskern von Taufers im Münstertal, 1250 m
CHARAKTER | Eine leichte Runde auf durchwegs guten Wegen, die zu den wichtigsten Sehenswürdigkeiten rund um Taufers führt. Gleichzeitig eröffnen sich herrliche Ausblicke auf die traditionelle Kulturlandschaft und die umgebende Bergwelt.

5 km
02:15 h
260 hm
260 hm

Das schwere geschichtliche Erbe Taufers, stets zwischen den Tiroler Landesfürsten bzw. dem Habsburgerreich und den Fürstbischöfen von Chur umstritten, bescherte dem Ort ein reiches Erbe historisch bedeutender Bauten. Im Laufe der Jahrhunderte verloren aber viele Festungsanlagen ihre strategische Bedeutung und präsentieren sich heute als romantische Ruinen.

Vom Zentrum in **Taufers** 01, einem wahren Bilderbuch der Geschichte, wandern wir auf Weg Nr. 6 hinauf zur **Ruine Rotund** 02. Dabei gilt es, den Graben des Tellabaches zu queren, der sich vom Tellajoch bis ins Münstertal herunterzieht und auf seinen Terrassen einige uralte Höfe beherbergt. Der Aufstieg bereitet keine Schwierigkeiten und so stehen wir nach 1 Std. vor den verfallenen Gemäuern der Anlage.

Die Lage der einstigen Festung beeindruckt noch heute; mit historischen Mitteln praktisch uneinnehmbar, ruht sie durch eine Zugbrückenanlage auch bergseits gesichert hoch über dem Talgrund. Ursprünglich von den Churer Bischöfen erbaut, wurde die Feste 1381 an die Tiroler Landesfürsten verkauft. Während die Burg zur Ruine wurde, steht der einstige Schlosshof noch heute. Das etwas oberhalb der Wehranlage gelegene Gehöft ist Teil des weit verstreuten Weilers Tella. Nach dem Besuch von **Rotund** folgen wir ein kurzes Stück dem Anstiegsweg zurück, zweigen jedoch am Tellabach nach links ab und folgen dem Weg Nr. 8 zur **Ruine Reichenberg** 03, ebenfalls in exponierter Lage über Taufers gelegen.

Start

Auch diese Anlage wurde von den Fürstbischöfen Churs an lokale Herrscher verkauft, allerdings nicht an die Landesfürsten, sondern an die mächtigen Herren von Matsch, die über Jahrhunderte im Obervinschgau regierten. Einst muss die Anlage wesentlich größer gewesen sein, als ihre Reste vermuten lassen. Der runde Turm der Ruine ist ca. 30 m hoch und sehr stark befestigt. Sein angeblich römischer Ursprung ist allerdings nicht zu beweisen. Von einem weiteren, rechteckigen Turm sind keine Spuren erhalten. Um 1910 ist er völlig zusammengestürzt,

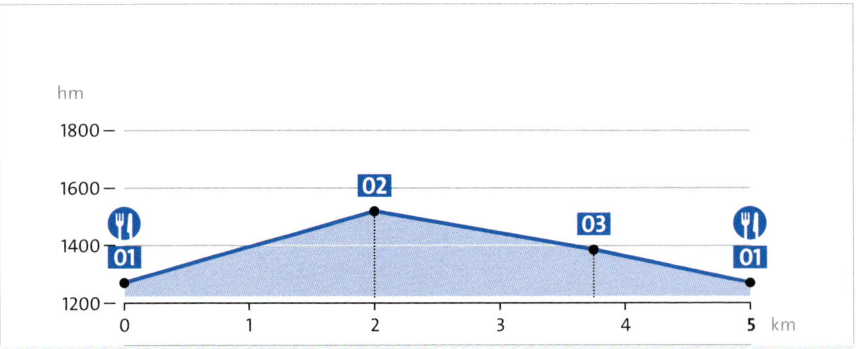

01 Taufers, 1250 m; 02 Ruine Rotund, 1509 m; 03 Ruine Reichenberg, 1370 m

Tauferer Dorfidylle

angeblich, weil schatzsuchende Hirtenbuben sein Fundament untergraben hatten. Der verschwundene Turm trug den vielsagenden Namen „Helfmirgott“ und wurde als Gefängnis genutzt. Auch von Palas und Ringmauer sind nur Reste erhalten, und der Besucher von heute tut gut daran, nicht die letzten Mauerwinkel zu durchklettern: Manche Teile erscheinen einsturzgefährdet! Nach dem kurzen Abstecher zur Ruine steigen wir auf dem Weg Nr. 8 weiter ab. Nahe der Talsohle beschreibt der Pfad einen weiten Rechtsbogen und leitet wieder dem Zentrum von **Taufers** 01 entgegen, das wir wenig später erreichen. Auch im Ort selbst lohnt sich eine historische Spurensuche – die Kunstwerke reichen von der Romanik und Gotik bis zu den üppigen Darstellungen eines italienischen Barockmalers.

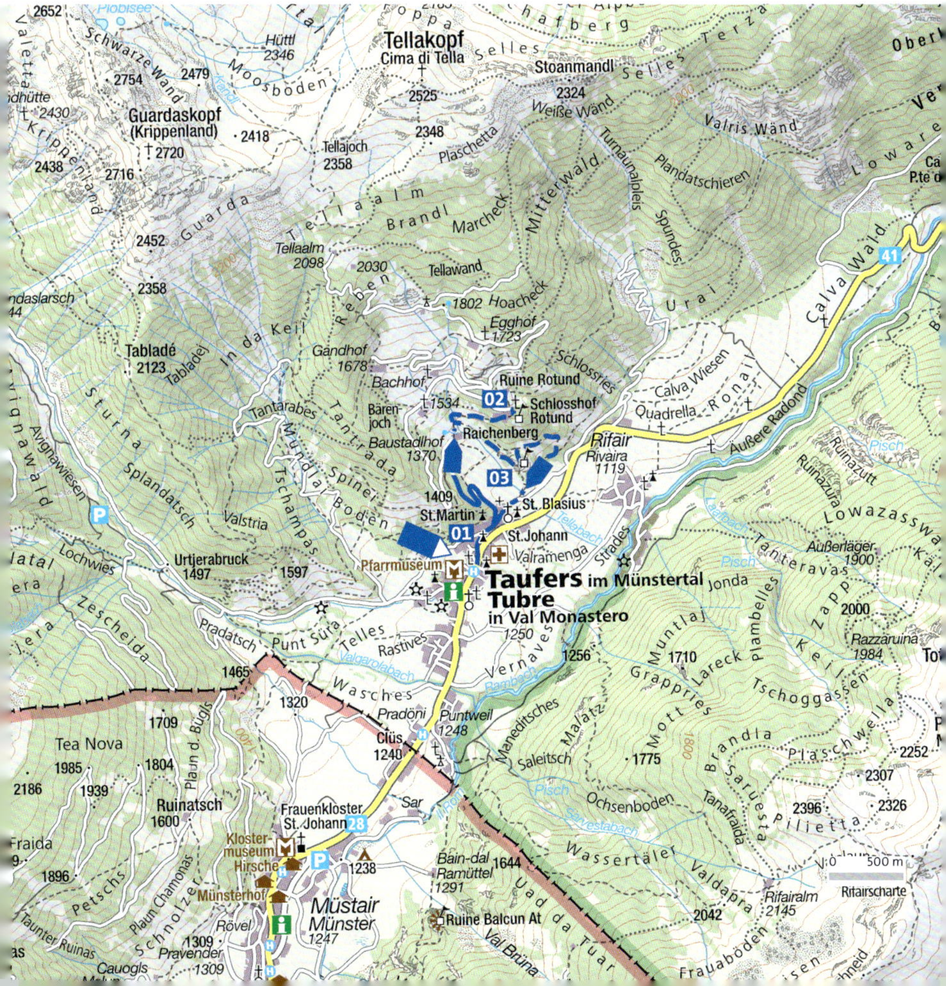

05

Von Mals nach Schluderns

Von der „Siebentürmigen“ und uralter Siedlungsgeschichte

5,5 km
02:15 h
100 hm
280 hm

START | Mals im Obervinschgau, 1099 m
CHARAKTER | Leichte Talwanderung auf einem der höchstgelegenen Hänge des Sonnenberges, guter Wanderweg. Bemerkenswert vielfältige Eindrücke: Steppenvegetation trifft auf die nahe Bergwelt, wie früher weiden Ziegen auf den steilen Hängen und im Abstieg durchqueren wir eine der wichtigsten prähistorischen Siedlungsstätten des Vinschgaus.

Start

Vom Zentrum in **Mals** 01 leitet der Matscher Weg aus dem Dorf hinaus und den Hängen des Sonnenberges entgegen. Gleich nach den letzten Häusern steigen wir an einer Weggabelung jedoch nicht weiter auf, sondern folgen dem mit Nr. 17 markierten Waalweg „Sonnseite“ ohne größere Höhenunterschiede Richtung Südosten. Der einstige Mitterwaal ist zwar zum Großteil verrohrt, doch vermittelt der Waalweg einen guten Eindruck von der Welt des obersten Sonnenberges. Feuchtere Hänge mit grünen Wiesen wechseln sich mit steilen Abschnitten und einer typischen Steppenvegetation ab.

Bei aller Liebe zum Detail sollte auch ein Blick in die weitere Umgebung nicht versäumt werden. Über Mals hinweg ist am westlichen Talrand Burgeis deutlich zu erkennen und darüber thronen die festungsartigen weißen Mauern des Klosters Marienberg, das einst nicht nur spirituelles Zentrum, sondern auch wichtigster Grundbesitzer der Region und Sitz der niedrigen Gerichtsbarkeit war. Nach kurzweiliger Wanderung auf dem Waalweg überqueren wir die Straße von Tartsch ins Matscher Tal und wandern anschließend auf dem **Sonnensteig** 02 weiter. An der Örtlichkeit **Plantawilles** 03 wendet sich der Steig allmählich dem Matscher Tal entgegen. An der ersten möglichen Abzweigung nach der Straßenquerung wenden wir uns nach rechts dem Haupttal entgegen.

Gleich nach der Abzweigung erreichen wir die Verebnung des Gangleggs, die zu den wichtigsten archäologischen Ausgrabungszonen Südtirols zählt. Restaurierte Mauerreste und Infotafeln weisen auf die einstige Bedeutung dieses sonnigen Plateaus hin. Es war in prähistorischer Zeit ein wichtiges Siedlungsgebiet, da das eigentliche Etschtal zu dieser Zeit eine reine Auwaldwildnis mit häufigen Hochwässern und morastigem, für die Bebauung ungeeignetem Boden war. Wie sehr hat sich die Landschaft seit damals verändert – wertvoller Siedlungsraum und Kulturland sind entstanden, aber gleichzeitig sind unschätzbare Naturlandschaften verloren gegan-

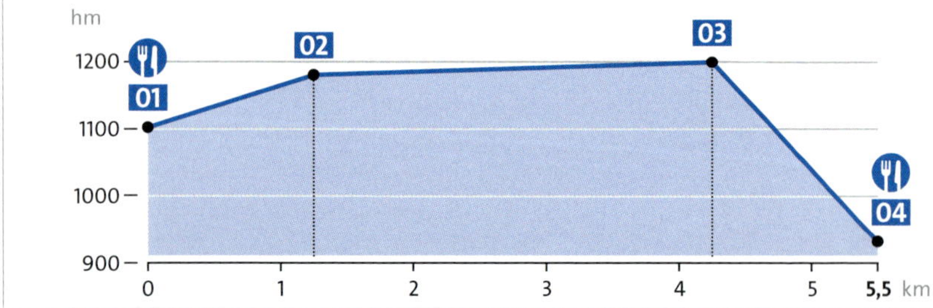

01 Mals, 1099 m; 02 Sonnensteig, 1180 m; 03 Plantawilles, 1200 m; 04 Schluderns, 922 m

Blick auf Mals in Südtirol

gen! Gleich unterhalb des Gangleggs erreichen wir den **Kalvarienberg** von **Schluderns** 04 und steigen auf dem Pilgerweg in das Dorf ab. Hier sollte man sich unbedingt die Zeit nehmen, dem Vintschgermuseum einen Besuch abzustatten, um weitere interessante Details zum Ganglegg und zur gesamten Region zu erfahren. Anschließend geht es mit der Vinschgerbahn komfortabel und gemütlich zurück zum Ausgangsort **Mals**.

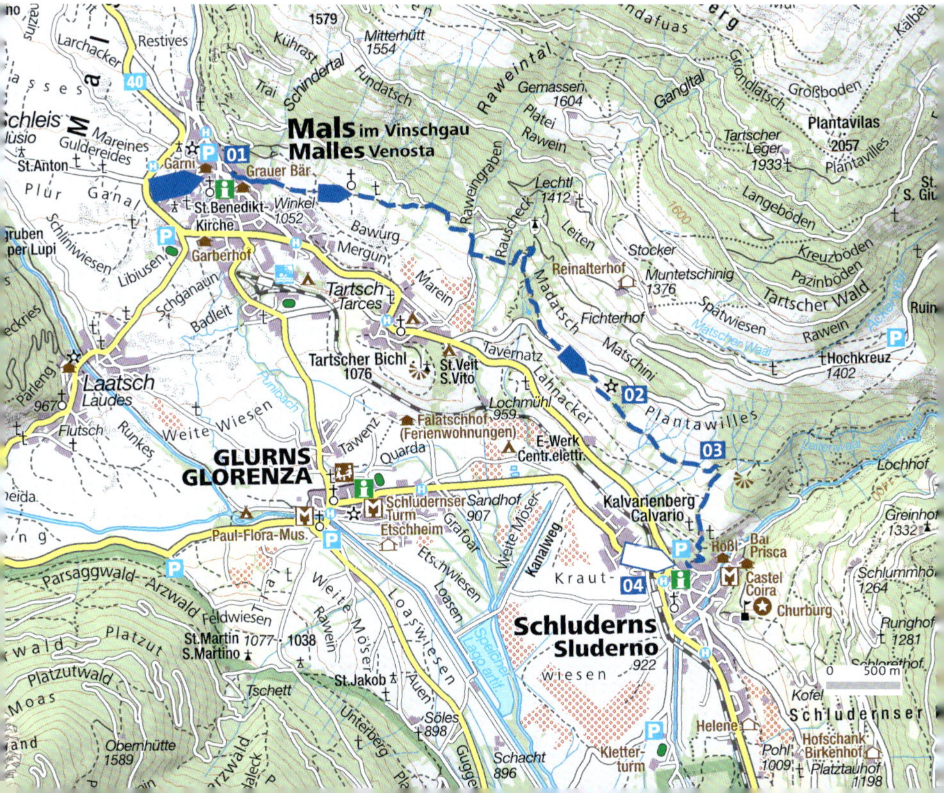

06 Durch den Apgelanbau: Von Morter nach Latsch

An der Schattseite des Steppentales

11 km
03:30 h
140 hm
170 hm

START | Bahnhof Goldrain, 680 m
CHARAKTER | Abwechslungsreiche Streckenwanderung auf Nebenstraßen und Wanderwegen unterschiedlicher Beschaffenheit an der Schattseite des Vinschgaus.

Die Vinschgerbahn bietet attraktive Möglichkeiten, Streckenwanderungen zwischen den verschiedenen Orten des Tales zu unternehmen und anschließend ohne größere Probleme an den Ausgangspunkt zurückkehren zu können. Die beschriebene Route verläuft an der schattigen Südseite des Mittleren Vinschgaus.

Start

▶ Vom Bahnhof in **Goldrain** 01 folgt man der Straße nach Osten bis zum Kreisverkehr und wendet sich hier nach Süden (rechts). Neben der Straße ins Martelltal geht es durch den ebenen Talraum mit seinen Apfelkulturen nach **Morter** 02, wo man rechts ins Dorfzentrum hineingeht. Über den Schwaigerweg steigt man an den Waldrand auf und erreicht den Waalrundweg, dem man nach links folgt. Der Waalweg leitet durch die waldigen Hänge oberhalb von Morter und erreicht schließlich die Straße ins Martelltal, welche gequert wird. Eine schmale Brücke führt hinüber zur Kirche von St. Stephan und hier folgt man dem Weg Nr. 5 zur Ruine Obermontani. Gleich nach der Ruine folgt man ein Stück dem Fahrweg Richtung Montaniberg und biegt im **Talierwald** 03 an der ersten Kehre nach links in den Weg Nr. 5 ein. Achtung: Nicht den Weg 5A, der nach links führt, wählen, sondern auf dem Weg Nr. 5 bleiben. In nur leichtem Gefälle folgt man dem Waldhang zunächst nach Norden und später in östliche Richtung. Stets auf Weg Nr. 5 bleibend, verliert man zwischenzeitlich etwas an Höhe, um schließlich den Weg Nr. 4 zu erreichen. Hier zweigt der **Abstieg** 04 in den Talboden ab. Man hält sich links und erreicht über den teilweise als Trimmdich-Pfad ausgebauten Weg die Straße nach Tarsch, der man jedoch abermals nach links folgt. Stets auf dieser Straße bleibend, erreicht man schließlich das Dorfzentrum von Latsch und kurz darauf auch den **Bahnhof Latsch** 05. Von hier kann man mit der Vinschgerbahn zum Ausgangspunkt zurückkehren.

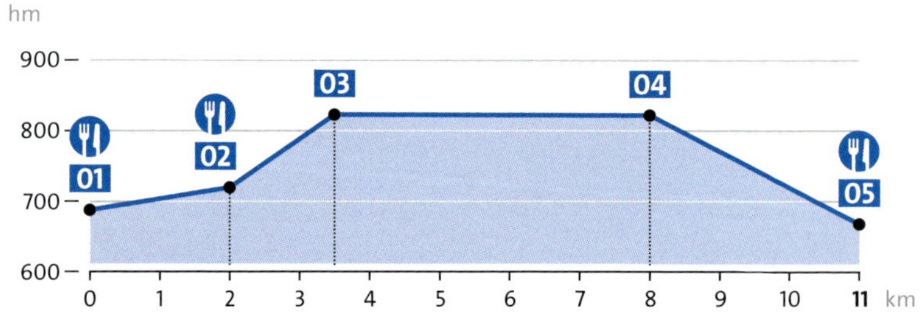

01 Goldrain, 680 m; 02 Morter, 713 m; 03 Abzweigung Talierwald, 820 m; 04 Beginn Abstieg, 819 m; 05 Bahnhof Latsch, 659 m

Dichte Apfelkulturen prägen den Talboden

Zum Anbeißen …

Am Waalweg

07

Auf Waalwegen zum Schloss Juval

Zur Residenz von Reinhold Messner

10 km
03:00 h
360 hm
370 hm

START | Ausgangspunkt: Fraktion Galsaun, unweit östlich von Kastelbell, 570 m
CHARAKTER | Eine der schönsten Waalwanderungen mit herrlichen Ausblicken und krönendem Höhepunkt gegen Ende der Wanderung; Abstieg vom Schloss nach Staben und ein kurzes Stück oberhalb von Tschars auf Asphalt; großteils auf idyllischem Waalweg.

Start

Wir durchwandern zunächst die kleine Fraktion **Galsaun** 01 und verlassen die Dorfstraße auf einem alten Hohlweg nach links, der uns in kurzer Zeit zum beeindruckenden Ansitz **Kasten** hinaufführt. Das alte **Schloss** 02 ist in solidem Zustand, und die nahe gelegenen Neubauten oberhalb beweisen eindringlich, dass alte und moderne Architektur sehr harmonisch nebeneinander stehen können. Der weitere Weg leitet oberhalb von Weingärten und durch Kastanienbestände zum Einstieg des Waalweges, der nach einem umfangreichen Forstwegbau Ende 2007 neu gestaltet wurde. Vom Forstweg geht es über einen schmalen Steig in wenigen Metern Anstieg hinauf zum **Waal** 03, der uns mit leisem Geplätscher begrüßt. In Fließrichtung des Wassers folgen wir nun dem Lauf des Waals; dichtes Baum- und Buschwerk spendet selbst an heißen Sommertagen wohltuenden Schatten und auch das Wasser trägt zur Kühlung bei.

Oberhalb von Tschars verschwindet der Waal für kurze Zeit; wir gehen eine Straße rechts hinunter, um jedoch gleich wieder nach links in Richtung Waal aufzusteigen, den wir auch alsbald wieder erreichen. Es folgt eines der attraktivsten Wegstücke: Der Waal durchschneidet den Sonnenberg. Direkt am Wasser gedeiht zwar immer noch eine üppige Vegetation, doch über und unter uns liegen typische Steppenhänge, die sich schon im Mai in verschiedenen Braun- und Beige-Tönen präsentieren. An einer Stelle quert der Waal eine kleine Bachschlucht wild rauschend auf einer alten Holzbrücke; an anderen, flacheren Partien ist das Wasser dagegen kaum zu vernehmen.

Nach kurzweiliger Tour über den Sonnenberg erreichen wir schließlich wieder die ersten Obstgärten und gleich darauf den **Sonnenhof** 04, wo eine erste Einkehr möglich ist. Oberhalb des Sonnenhofs halten wir uns links und steigen über einen alten Plattenweg zum **Schloss Juval** 05 auf. Die Residenz von Reinhold Messner ist ein Schmuckkästchen der besonderen Art und unbedingt einen Besuch wert. Nach der Schloss-Führung geht es auf der schmalen Straße, vorbei am Schlosswirt und am Weingut Unterortl, in vielen Serpentinen hin-

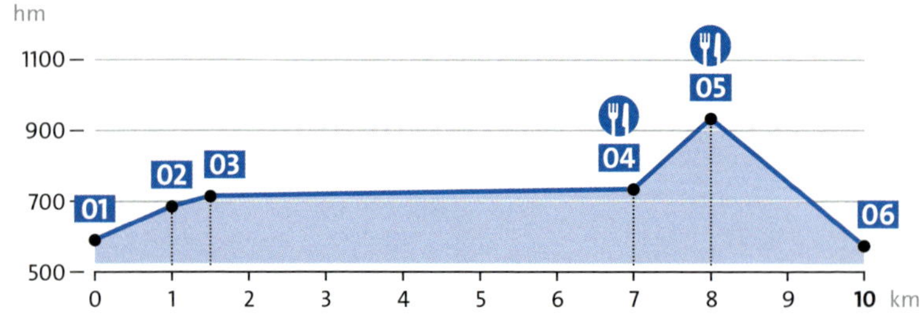

01 Galsaun, 570 m; 02 Schloss Kasten, 670 m; 03 Schnalswaalweg, 700 m; 04 Sonnenhof, 720 m; 05 Schloss Juval, 927 m; 06 Staben, 554 m

Schloss Juval

unter zum Parkplatz Juval am östlichen Ortsrand von **Staben** 06. Direkt am Parkplatz befindet sich ein lohnender Bauernmarkt, in dem ausgewählte lokale Produzenten ihre Köstlichkeiten anbieten. Auch dieser kulinarische Genuss ist Teil des Gesamtkunstwerkes Juval!

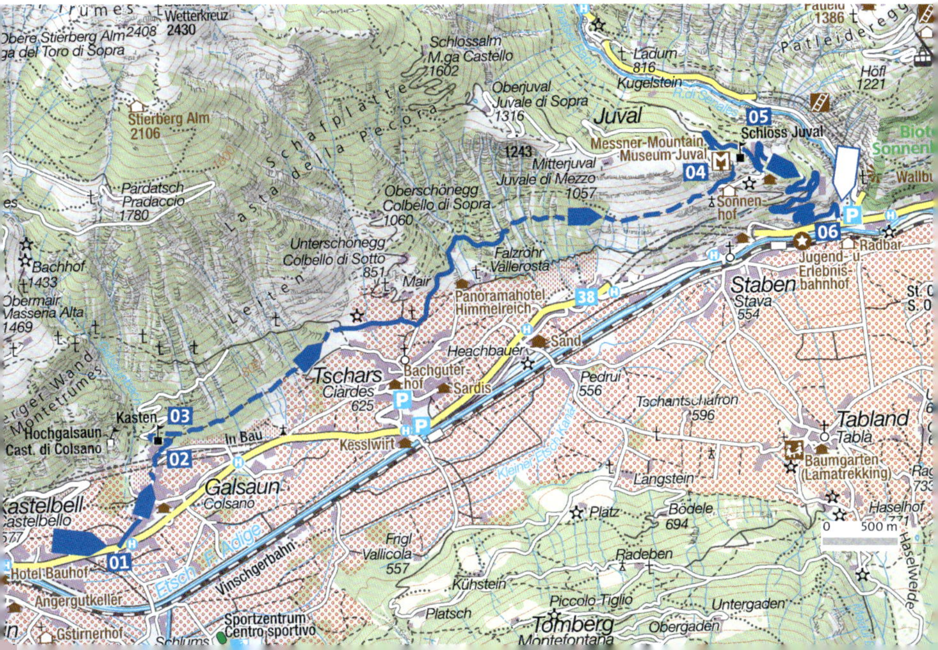

08

Wallburgweg

Am Naturnser Sonnenberg

START | Ortsteil Kompatsch am Westrand von Naturns; Talstation der Seilbahn nach Unterstell
CHARAKTER | Leichte Wanderung auf einem Naturlehrpfad oberhalb von Naturns; teilweise fast eine Promenade am Sonnenberg. Hübsche Aussicht auf Naturns und nach Meran.

4,5 km
01:45 h
220 hm
220 hm

Der Naturnser Sonnenberg ist der östlichste Ausläufer der Vinschgauer Steppe. Hier fühlt man sich fast an mediterrane Gestade versetzt. Edelkastanie und Wein sind hier ebenso zuhause wie Flaumeiche und andere südländische Gehölze. Und wenn es im Gebüsch raschelt, flieht wahrscheinlich eine der zahllosen Eidechsen vor den Schritten des Wanderers. Doch nicht nur naturkundlich ist der Hang bemerkenswert. Vier urzeitliche Fundstellen sind bisher belegt. Und wo schon seit Jahrtausenden Menschen gelebt haben, sprießen oft auch die Sagen: Der Naturnser Sonnenberg gilt als Heimat der Wilden Fahr, einem Untier aus zwei zusammengewachsenen Pferden. Doch (leider) werden wir diesem Wesen auf unserer Tour nicht begegnen.

Start

Von der Talstation der Seilbahn in **Kompatsch** 01 geht es dem Hangfuß entgegen und sogleich links den Hang hinauf. Obstkulturen und Wein bleiben zurück und Reste des submediterranen Buschwaldes nehmen den Wanderer auf. Auch wenn die Steigung kurz und nicht zu heftig ist – im Hochsommer kann man hier ganz ordentlich ins Schwitzen kommen – erreichen die Temperaturen doch zu dieser Zeit mitunter an die 40°C oder gar mehr. Doch nach einer guten halben Stunde ist die Höhe gewonnen und ein Abstecher führt uns nach Westen zur so genannten **Wallburg** 02. Und tatsächlich, hier soll eines jener mysteriösen Bauwerke gestanden haben, wie sie in Südtirol weit verbreitet und häufig waren.

Über die Geschichte der Wallburgen ist nur wenig bekannt; viele von ihnen wurzeln in der Bronzezeit oder noch weiter zurück. Archäologische Funde beweisen zwar die frühe Besiedlung, doch die Bedeutung der Anlagen – Schutzwälle, Wohnanlagen, Kultstätten – liegt weitgehend im Dunkel der Urgeschichte. Einen Besuch wert ist der Platz aber allemal, allein schon wegen der Aussicht über die Schnalser Schlucht hinweg auf Schloss Juval.

Nach dem Abstecher kehren wir zu unserem Anstiegsweg zurück, bleiben nun jedoch auf gleicher Höhe (links) und wandern, teilweise dem Lauf eines Waals folgend, ohne nennenswerten Höhenunterschied bis zum

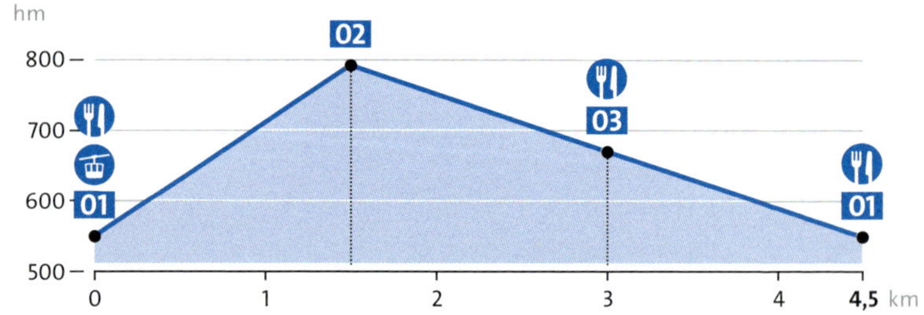

01 Kompatsch, 540 m; 02 Wallburgboden, 792 m; 03 Schwalbennest, 665 m

Am Wallburgweg

„**Schwalbennest**" 03, wo wir uns an heißen Tagen gerne ein kühlendes Getränk gönnen. Von hier führt der Abstieg direkt zurück zum **Ausgangspunkt** 01. Allerdings fällt es selbst bei Hitze leichter, wieder das Tal zu erreichen. Und so bleibt im Abstieg auch mehr Zeit (und Luft), um nach pflanzlichen Kostbarkeiten Ausschau zu halten – nach dem rosa Diptam mit seinem Zitronenduft, dem Stechenden Mäusedorn oder der Wasser speichernden Hauswurz. Und vielleicht lässt sich sogar eine der scheuen Smaragdeidechsen in Ruhe beobachten.

SÜDTIROLER SPECK

der weiss-rote Traum

„Ohne Speck kuane Marend.“ (Ohne Speck keine Marende)

Besagt ein alter Südtiroler Spruch. Denn Speck ist in Südtirol mehr als nur eine Wurstware, er ist ein Stück gelebter Tradition und bis heute der Star eines jeden Südtiroler Jausenbretts.

Seine Geschichte reicht weit zurück, in eine Zeit als die Bauern in den Alpen nicht viel mehr als ein paar „Focken“ (Schweine) hatten und nach Möglichkeiten suchten, Fleisch haltbar zu machen.

WIE WIRD SPECK HERGESTELLT?

Schritt 1: Pökeln
Das Fleisch wird mit Pökelsalz und einer Gewürzmischung nach Wahl eingerieben. Hier ein paar der gängigsten Gewürze: Pfeffer, Koriander, Kümmel, Knoblauch, Lorbeer, Wacholder, Fenchel.

Schritt 2: Räuchern
Der Speck wird geräuchert. Es werden verschiedene Holzarten genutzt, die unterschiedliche Aromen verleihen.

Schritt 3: Reifen
Der Speck wird mehrere Wochen bis Monate luftgetrocknet. Dies geschieht meist an einem kühlen und dunklen Ort, typisch hierfür ist der urige Südtiroler Speckkeller.
Das Resultat? Speck-takulär!

Yin Yang Verhältnis: 70% Rot und 30% Weiss

OPA WALTERS GENUSSTIPPS:

Such dir einen Speck mit einem guten „Yin Yang Verhältnis". 70% Rot und 30% Weiss ist optimal.

Schneide niemals das Weisse vom Speck weg, das wird von den Einheimischen als Beleidigung wahrgenommen.

Schneide den Speck möglichst dünn auf, so bekommt er den richtigen Biss.

Für maximalen Genuss: Kombiniere den Speck mit einem traditionellen Schüttelbrot.

Am allerwichtigsten: Esse nur Speck der zu 100% aus Südtirol stammt!

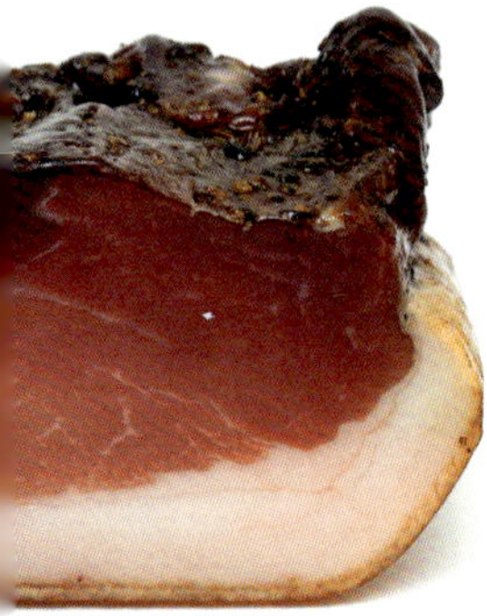

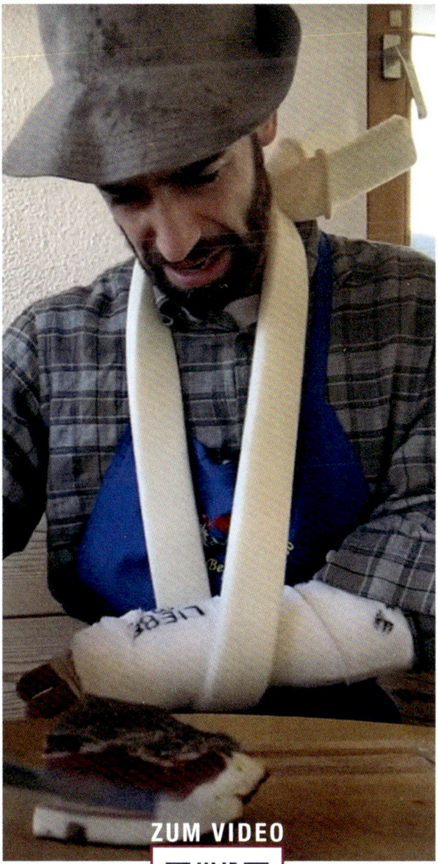

Rund um Meran

09

Durch die 1000-Stufen-Schlucht

Treppauf, treppab am Naturnser Sonnenberg

8,3 km
03:15 h
227 hm
489 hm

START | Bergstation der Texelbahn, 1544 m, Parkplatz an der Talstation südwestlich von Partschins. Bus von Meran nach Partschins, von dort 15 Min. Fußweg oder mit weiterem Bus.
CHARAKTER | Die Seilbahnen ersparen den langen Auf- und Abstieg über den Sonnenberg, am Höhenweg ist dennoch einiges an Auf und Ab zurückzulegen. Steiler Anstieg aus der 1000-Stufen-Schlucht, nicht schwierig, aber etwas mühsam, Trittsicherheit erforderlich.

Hoch über Naturns schneiden felsige Bachgräben in die Südhänge der Texelgipfel Ziel- und Lahnbachspitze. Sie zu durchqueren, fordert die Beinmuskulatur. An die 1000 Stufen müssen dabei bewältigt werden. Landschaftlich ist die Wegstrecke vom Gasthaus Giggelberg zur Seilbahn Unterstell einer der attraktivsten Abschnitte des Meraner Höhenwegs. In den Schluchten taucht man in eine urwüchsige Felslandschaft ein. Dazu bietet der Höhenweg kontrastreiche Ausblicke, vom Karomuster der Apfelfelder im Vinschgau über die Höfe an den steilen Hängen bis zu den Gletschergipfeln der Ortlergruppe. Einige schön gelegene Jausenstationen am Weg sorgen für genussreiche Verschnaufpausen mit Panorama und Südtiroler Spezialitäten.

Start

Von der **Bergstation der Texelbahn** 01 ist es nur ein kurzer Anstieg zum **Gasthaus Giggelberg** 02. Ein Pfad kürzt dabei die Straßenkehre ab. Beim Gasthaus biegt man links in den Meraner Höhenweg ein und wandert entlang steiler, felsdurchsetzter Waldhänge nach Westen. Nach 20 Min. durchquert man das Tal des Schindelbachs, der oberhalb des Weges durch eine felsige Schlucht rauscht. Man trifft auf eine Straße und folgt ihr bergauf. Ein Fußweg führt schließlich mit schönem Panorama zwischen Zäunen hindurch zum **Hof Hochforch** 03. Das ehemalige Gasthaus ist leider inzwischen geschlossen.

Bei der folgenden Abzweigung nach Naturns hält man sich rechts bergauf und wandert durch schönen Lärchenwald, bis es in ein von felsigen Hängen eingerahmtes Bachtal hinuntergeht. Nach der Bachquerung helfen eine Metalltreppe und Steinstufen über die steilen Abhänge hinauf. Kurz darauf leitet der Pfad in die **1000-Stufen-Schlucht** 04 hinab. Dort wird der Bach auf einer Hängebrücke gequert. Es folgt ein steiler Anstieg über hohe Steinstufen, der geschickt durch die Felshänge angelegt ist. Kettensicherungen geben dabei Halt. Nach gut 15 Min. wird der Weg bequemer. Über Wiesen-

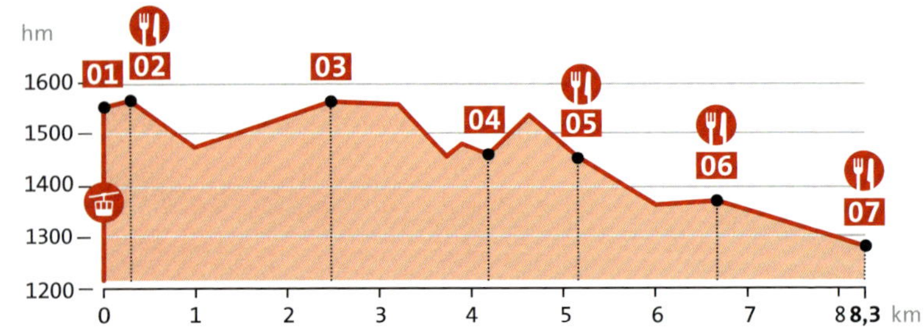

01 1544 m, Bergstation Texelbahn; 02 1565 m, Gasthaus Giggelberg; 03 1555 m, Hochforch; 04 1458 m, 1000-Stufen-Schlucht; 05 1445 m, Pirchhof; 06 1384 m, Galmeinhof; 07 1282 m, Bergstation Seilbahn Unterstell

Hoch über dem Vinschgau mit Blick auf Obstfelder und Schneeberge

hänge gelangt man zum **Pirchhof** 05, ein altes schindelgedecktes Anwesen in schöner Lage, das zur Einkehr einlädt.

Anschließend folgt man der Straße bergab und biegt nach einer Linkskehre rechts zum Grubhof ab. Man geht zwischen den Hofgebäuden hindurch und erneut zu einer Hängebrücke, die einen tief eingeschnittenen Bachgraben überquert. Kurz darauf bietet der **Galmeinhof** 06 eine weitere einladende Einkehrmöglichkeit, bei der man sich Südtiroler Spezialitäten vom Speckbrot bis zum Kaiserschmarrn schmecken lassen kann.

Der Weiterweg verlässt den Meraner Höhenweg und verläuft auf der Hofzufahrt über die steilen Hänge (Mark. 24b). Wer die Straße ver-

Hängebrücke in der 1000-Stufen-Schlucht

meiden möchte, zweigt kurz nach dem Gasthof rechts auf einen Fußweg ab und wandert über den Innerforchhof (nicht mehr bewirtschaftet) zur Bergstation Unterstell (0:40 Std., 80 Höhenmeter zusätzlich). Die Hofzufahrt dagegen mündet in eine Straßenkehre, bei der man sich links hält.

In der folgenden Kehre geht man geradeaus auf einen Wanderweg und gelangt zu einer Aussichtsplattform, die schwindelerregende Tiefblicke ins Vinschgau bietet. Kurz darauf ist das Gasthaus Unterstell und die **Seilbahn-Bergstation** 07 erreicht. Bequem lässt man sich von der Gondel in den Naturnser Ortsteil Kompatsch hinunterbringen und geht von der Talstation gut 200 Meter zur Hauptstraße mit der Bushaltestelle. Von dort verkehren Busse zurück zur Talstation der Texelbahn.

Die St. Prokulus Kirche in Naturns

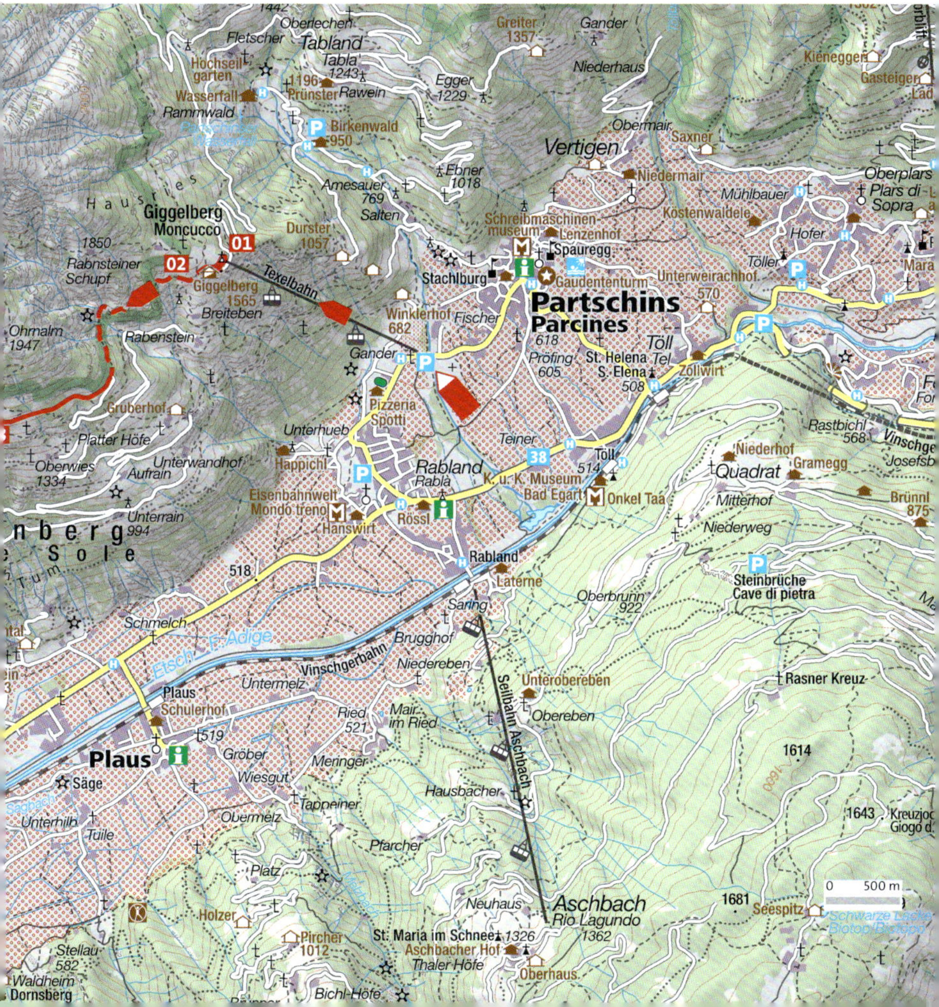

10 Meran: Über den Tappeinerweg zum Schloss Tirol

Aussichtsreiche Promenade über den Dächern Merans

12,5 km
03:45 h
352 hm
352 hm

START | Meran, Pfarrkirche, 323 m, gebührenpflichtiges Parkhaus „Therme Meran" im Zentrum.
CHARAKTER | Leichte, viel begangene Rundwanderung auf meist bequemen Wegen, einige kurze steilere Anstiege.

Der Tappeinerweg ist der Klassiker unter den Meraner Spazierwegen. Der Kurarzt Dr. Franz Tappeiner stiftete 1892 die aussichtsreiche Promenade, die an den sonnenverwöhnten Südwesthängen des Küchelbergs zum Schlendern und Genießen einlädt. Für südliches Flair sorgen Palmen, Zypressen, Granatapfelbüsche, Ginster und andere mediterrane Pflanzen. Eine vielseitige Runde ergibt sich, setzt man die Wanderung auf dem Algunder Waalweg fort und kehrt über Dorf Tirol nach Meran zurück. Sehenswertes wie die Kirche St. Peter und das Schloss Tirol liegen am Weg, dazu bietet die Wanderung immer wieder neue Ausblicke. Auch die Einkehr kommt nicht zu kurz – von der sonnigen Caféterrasse inmitten subbtropischer Pflanzen bis zum Burgrestaurant.

Start

Vom Eingang der **Meraner Pfarrkirche** 01 geht man am Kirchturm vorbei und schräg links über den kleinen Platz in die Passeirergasse. Durch das Passeirer Tor verlässt man die Altstadt und spaziert auf der Winter- und der Gilfpromenade an der Passer entlang, bis vor einigen Pflanzenskulpturen der Wegweiser „Tappeinerweg" links bergauf zeigt (100 m weiter geradeaus: eindrucksvoller Blick in die felsige Gilfklamm). Man überquert die Zenobergstraße, folgt einem Asphaltsträßchen weiter aufwärts und gelangt zum aussichtsreichen Pulverturm mit dem Beginn des **Tappeinerweges** 02. Der Spazierweg verläuft nun beinahe eben zwischen Weingärten und mediterranen Pflanzen am Hang entlang. Schön gelegene Restaurants laden dazu ein, die Aussicht über Meran und das Etschtal zu genießen.

Kurz nach dem **Café Unterweger** 03 endet der Tappeinerweg bei Gratsch (Bushaltestelle für die Rückkehr nach Meran). Man steigt rechts auf der Straße Richtung „St. Peter, Schloss Tirol" bergauf und zweigt nach knapp 10 Min. links über eine Hängebrücke ab. Sie führt zum Beginn des **Algunder Waalweges** 04. Begleitet vom Plätschern des Waals wandert man entlang felsiger Abhänge, durch Waldstücke und durch Weinberge. Nach einer halben Stunde mündet der Waalweg oberhalb von Algund in eine Straße. Man folgt

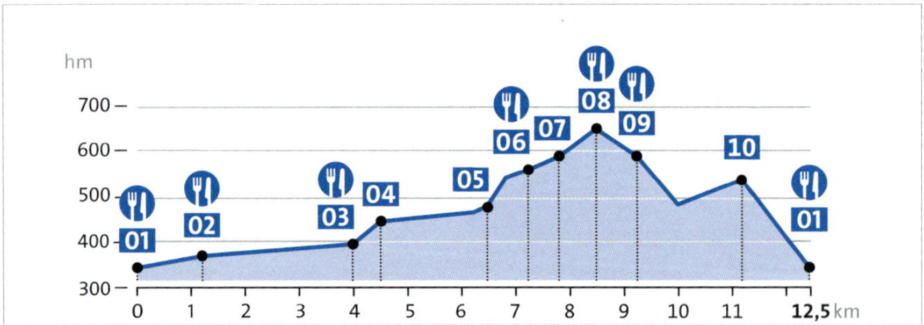

01 323 m, Pfarrkirche Meran; 02 370 m, Tappeinerweg; 03 398 m, Café Unterweger;
04 445 m, Algunder Waalweg; 05 487 m, Ochsentodweg; 06 559 m, Schloss Thurnstein;
07 590 m, St. Peter; 08 647 m, Schloss Tirol; 09 591 m, Dorf Tirol; 10 520 m, Tiroler Steig

Der Pulverturm am Tappeinerweg

ihr nach rechts (links in 20 Min. nach Algund), bis rechts der **Ochsentodweg** 05 beginnt. Steil geht es auf einem alten Pflasterweg bergauf. Nach gut 10 Min. ist der Anstieg geschafft. Mit schönen Ausblicken gelangt man zum **Schloss Thurnstein** 06, einer Einkehrmöglichkeit mit besonderer Atmosphäre (Donnerstag Ruhetag).

Anschließend kommt man zum Kirchlein **St. Peter** 07, das wertvolle romanische Fresken beherbergt. Nun hält man auf die imposante Burganlage von Schloss Tirol zu. Nach der Brücke über den Mutbach zweigt links ein Fußweg ab und trifft vor **Schloss Tirol** 08 wieder auf die Straße. Der Weiterweg führt links durch den Köstengraben mit einigen Erdpyramiden am Hang und durch einen Tunnel, das Knappenloch, nach **Dorf Tirol** 09. Beim Hotel Mair am Ort geht man geradeaus auf den aussichtsreichen Falknerweg, zweigt nach wenigen Minuten rechts auf den Weinweg ab und spaziert, vorbei an Informationstafeln zum Weinbau, durch die Weinberge abwärts. Schließlich biegt man rechts in ein Sträßchen ein und hält sich kurz darauf wieder links. Eine schmale Straße führt zum Schwimmbad und zur Zufahrtsstraße nach Dorf Tirol. Dort folgt man rechts dem Segenbühelweg, bis man nach gut 5 Min. den nach Meran ausgeschilderten **Tiroler Steig** 10 erreicht. Auf bequemen Schotter- und Asphaltwegen steigt man zum schön in den Weinbergen gelegenen Gasthaus Fernblick (Juli und August Sonntag, sonst Montag Ruhetag) und zum Tappeinerweg ab. Geradeaus führt ein Treppenweg wieder zur Pfarrkirche von **Meran** 01 hinunter.

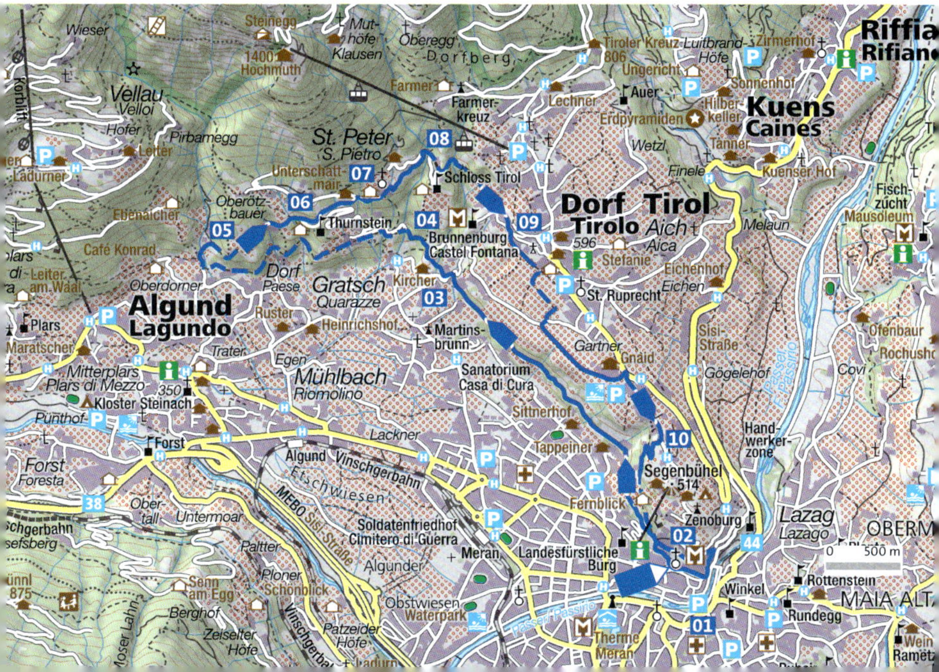

11

Ursprünglichkeit im Talschluss: Panoramaweg über dem Pfelderer Tal

Großartige Aussichten und schmackhafte Küche

5,5 km
02:00 h
80 hm
472 hm

START | Bergstation der Gondelbahn Grünboden-Express, 2020 m, großer Parkplatz an der Talstation bei Pfelders; Bus 240 von Meran über St. Leonhard.
CHARAKTER | Leichte Rundwanderung auf dem gut angelegten Panoramasteig und auf Fahrwegen im Pfelderer Tal, auch als Familientour geeignet.

Eine Wanderung auf dem Panoramaweg ist die richtige Tour, wenn man es gemütlich angehen lassen oder die Beine nach einer längeren Wanderung ausschütteln will. Eine aussichtsreiche Alm und ein uriger Gasthof liegen am Weg und locken mit Südtiroler Spezialitäten. Durch die Auffahrt mit der Gondelbahn zur Grünbodenhütte genießt man mit nur wenigen Anstiegshöhenmetern einen großartigen Ausblick auf das Pfelderer Tal und die Dreitausender des Gurgler Kamms.

Start

Von der **Bergstation** 01 des Grünboden-Express mit der Grünbodenhütte folgt man dem Fahrweg etwa 300 m bergauf, bis in der ersten Kehre rechts der schön angelegte Panoramaweg abzweigt (Mark. 4). Er steigt zunächst an und führt unter einem Skilift hindurch. Bereits nach 100 Höhenmetern hat man den höchsten Punkt erreicht und spaziert über die freien Hänge hoch über Pfelders. Wenig später geht es wieder bergab und in einigen Kehren zur **Faltschnalalm** 02 hinunter, einem aussichtsreichen Logenplatz über dem Pfelderer Tal. Dort wandert man auf dem Fahrweg ein kurzes Stück nach links, in Richtung Faltschnaltal, bis rechts ein Steig über den Faltschnalbach abzweigt. Der Panoramaweg verläuft nun durch schönen, urwüchsigen Lärchenwald hinunter ins Tal, wo man auf die Zufahrt zur Lazinser Alm trifft. Wer die gemütliche Almwirtschaft im Talschluss des Pfelderer Tals aufsuchen will, ist dorthin etwa 20 Min. unterwegs. Quert man geradeaus den Fahrweg und den Bach, kommt man zum urigen **Lazinser Hof** 03. Auch hier zieht verlockender Duft aus der Küche und lädt zu einer Einkehr ein (Montag Ruhetag). Der bereits im 13. Jahrhundert erwähnte Hof ist noch in alter Holzbauweise erhalten. Vom Gasthaus folgt man dem breiten Weg auf der linken Talseite talauswärts zur Häusergruppe von **Zeppichl** 04 und anschließend der Fahrstraße nach **Pfelders** 05. Man überschreitet die Brücke über den Pfelderer Bach und kehrt durch den Ort zum Parkplatz zurück.

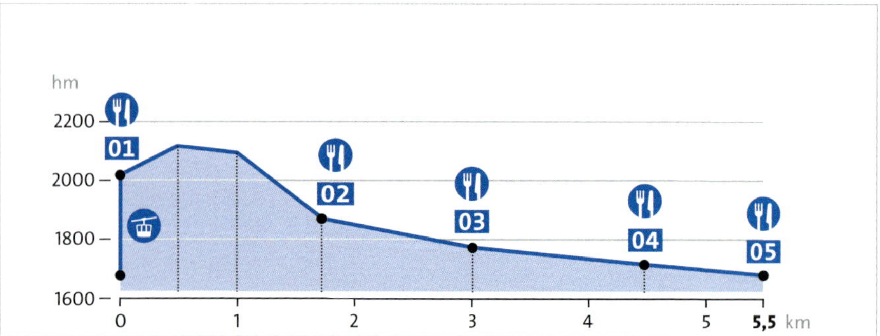

01 2020 m, Bergstation Grünboden-Express; 02 1871 m, Faltschnalalm; 03 1782 m, Lazinser Hof; 04 1680 m, Zeppichl; 05 1628 m, Pfelders

Traditionsreiche Einkehr im Pfelderer Tal: der Lazinser Hof

12 Passeirer Höhenweg

Panoramablick, so weit das Auge reicht

13 km
05:00 h
555 hm
1183 hm

START | Römerkehre der Jaufenpassstraße, 1960 m. Von St. Leonhard kommend letzte Kehre vor dem Jaufenpass etwa 300 m vor der Enzianhütte. Da Ausgangs- und Endpunkt unterschiedlich sind, parkt man am besten in St. Leonhard (Parkhaus P 2 bei der Bushaltestelle) und fährt mit der Buslinie 239 Richtung Jaufenpass zur Römerkehre (verkehrt von Mitte Juni bis Anfang/Mitte Oktober, Anschluss aus Meran). Rückkehr vom Endpunkt Stuls nach St. Leonhard und Meran mit Umsteigen in Moos.
CHARAKTER | Abwechslungsreiche Tour mit vielen Panoramablicken, für den trittsicheren Wanderer problemlose Steige. Stellenweise müssen steile Grashänge gequert werden.

Die Tour begeistert mit unterschiedlichen Landschaftseindrücken. Auf einem aussichtsreichen Höhenweg wandert man über sonnige Südhänge und kann sich dabei kaum sattsehen. Mal geht der Blick über das Passeiertal bis zum Meraner Becken und zur Brenta, die sich schemenhaft am Horizont abzeichnet, mal zur hochalpinen Gipfelkulisse der Texelgruppe und zu den weiß glänzenden Gletschern am Alpenhauptkamm. Für Abkühlung sorgt der kleine Übelsee. Fast verwunschen wirkt der von Felsblöcken eingerahmte, einsame Bergsee, der dem Volksmund nach ein „brüllender Wettersee" ist. Er soll schlechtes Wetter durch Geräusche ankündigen. Auch die Einkehr kommt bei dieser Panoramawanderung nicht zu kurz. Gleich drei Almhütten locken mit sonnigen Terrassen, jede ein Logenplatz, an dem man einfach nur die Zeit vergessen möchte.

Start

In der **Römerkehre** 01 zweigt ein Fahrweg ab, der zu einem Parkplatz und zur herrlich gelegenen **Fleckner Hütte** 02 führt (Mark. 12a). Dort folgt man zuerst dem Almweg, dann einem Steig weiter über die Südseite des Bergkamms, überquert einen Geländerücken und gelangt zum **Glaitner Joch** 03 hinauf. Wer zusätzlich den Gipfel des Fleckner „mitnehmen" möchte, zweigt 100 m nach der Fleckner Hütte scharf rechts auf Steig 12b ab und steigt über die felsdurchsetzten Grashänge zum Kammweg Nr. 12 hinauf. Dieser führt über den Fleckner ebenfalls zum Glaitner Joch (30 Min. zusätzlich). Vom Joch gelangt man über südseitige Wiesenhänge zum Gipfel des **Glaitner Hochjochs** 04 hinauf, wo man eine großartige Rundumschau genießt. Über den breiten Gratrücken geht es dann zum **Schlattacher Joch** 05 hinunter. Für

01 1960 m, Römerkehre; 02 2060 m, Fleckner Hütte; 03 2249 m, Glaitner Joch; 04 2373 m, Glaitner Hochjoch; 05 2264 m, Schlattacher Joch; 06 2300 m, Übelsee; 07 2174 m, Hochalm; 08 1929 m, Eggergrubalm; 09 1332 m, Stuls

Schlattacher Joch mit Blick zu Stubaier und Zillertaler Alpen

die direkte Route zur Hochalm folgt man links den markierten Steinen über die Wiese (Mark. 15). Es lohnt sich aber, einen kleinen Umweg von 20 Min. über den Übelsee in Kauf zu nehmen. Dazu steigt man geradeaus über eine Geländestufe hinauf und spaziert flach an der Kuhlacke und dem kleinen Scheibelesee vorbei zum **Übelsee** 06 am Fuß der Kleinen Kreuzspitze. Man geht links hinunter zu seiner Südseite und folgt dort dem Wegweiser zur Hochalm über steinige Wiesen südwärts hinab (Mark. 15b). Beim Abstieg orientiert man sich an den Markierungen, die steil über die Grashänge hinunterleiten. Schließlich biegt man rechts wieder in den Hauptweg Nr. 15 ein und quert die von Bächen durchzogenen Wiesenhänge der Anger Mahder. Leicht ansteigend umgeht man den südlich auslaufenden Rücken der Hohen Kreuzspitze und durchquert einen Bergkessel mit weißen, erosionsgeformten Felsblöcken. Der Steig verläuft

Aussichtsreich am Kamm entlang (hinten die Hohe Kreuzspitze)

nördlich der Anhöhe der Stuller Mut vorbei, wo eine prähistorische Kultstätte vermutet wird, und in wenigen Minuten zur **Hochalm** 07 mit fantastischem Blick ins Pfelderer Tal und auf die Bergriesen der Ötztaler Alpen. Für den Abstieg folgt man dem Steig südwestwärts zum Rand des Wiesenplateaus und weiter über die Almweiden bergab. An einer Wegteilung hält man sich links und erreicht die **Eggergrubalm** 08. Unterhalb einer Scheune beginnt ein Fußweg, der durch den Wald weiter talwärts führt und dabei den Almfahrweg schneidet. Nach einer knappen halben Stunde Abstieg biegt man rechts ein, wandert an den Hocheggöfen vorbei und zweigt nach der folgenden Rechtskehre links auf eine Schotterstraße ab. Nach einer längeren Querung leitet rechts ein Steig (Fitnessparcours) hinunter nach **Stuls** 09.

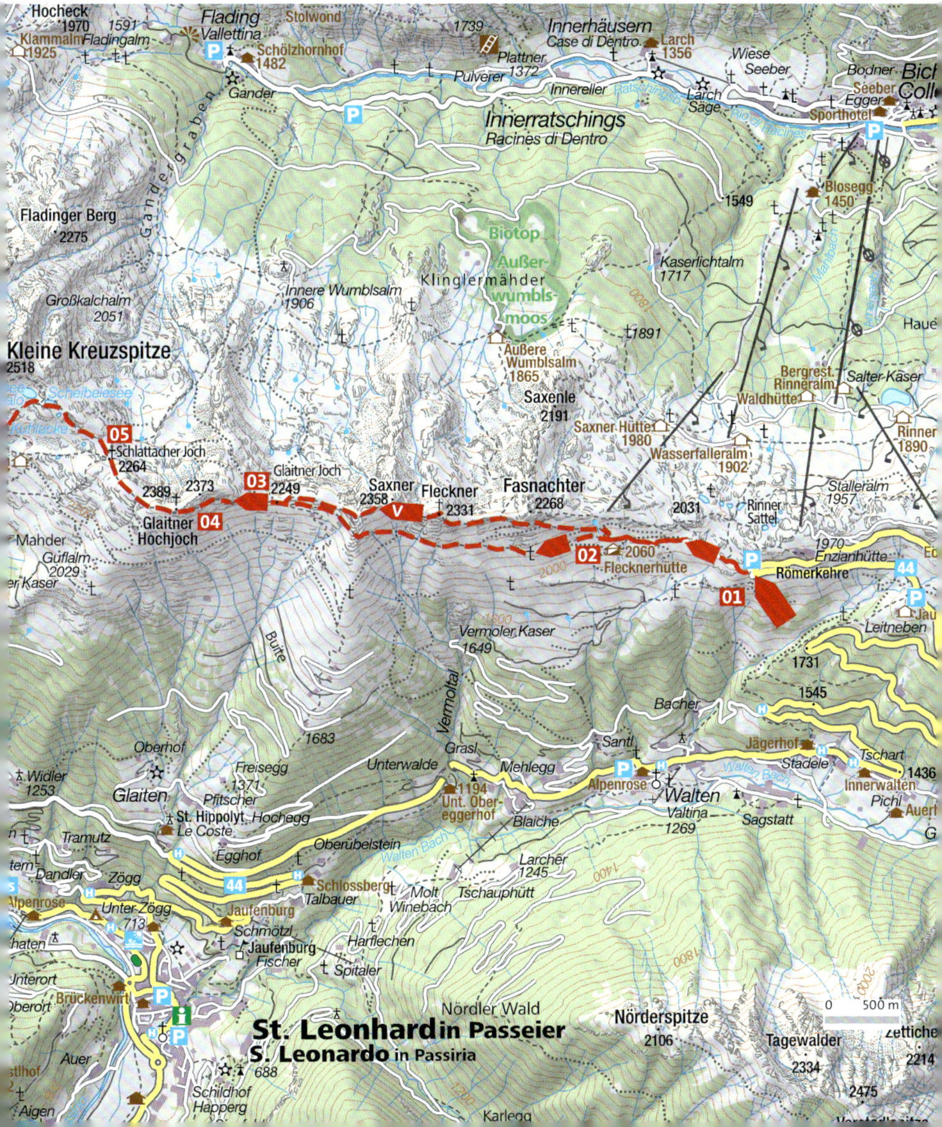

13 Von St. Leonhard nach St. Martin über die Pfandleralm

Zum Ort von Andreas Hofers Gefangennahme

8,5 km
04:00 h
749 hm
841 hm

START | St. Leonhard, 688 m, kostenfreies Parkhaus P2 bei der Touristinformation und Bushaltestelle; Bus von Meran.
CHARAKTER | Steiler Anstieg vom Pfandlerhof zur Pfandleralm, sonst einfache Wanderung auf kleinen Straßen und guten Bergwegen.

Hoch über St. Martin, an den steilen, waldigen Hängen des Passeiertals, suchte der Tiroler Freiheitskämpfer Andreas Hofer auf der Pfandleralm Zuflucht vor seinen Feinden. Die Rekonstruktion der Holzhütte, in der sich Hofer versteckt haben soll, und ein Gedenkstein erinnern an sein Schicksal. Die Pfandleralm ist heute ein beliebtes Berggasthaus. Die Wanderung von St. Leonhard zu diesem geschichtsträchtigen Ort folgt einem Teilstück des Europäischen Fernwanderwegs E5.

Sie startet im Zentrum von **St. Leonhard** 01 beim Hotel Strobel, das an der Hauptstraße liegt. Auf der rechten Seite des Hotels führt der Kirchweg bergauf. Man folgt der Beschilderung „Pfandleralm, E5" und geht am oberen Ortsrand von St. Leonhard oberhalb der Kirche nach Süden. Bei einer Gabelung bleibt man geradeaus auf dem unteren Sträßchen, passiert einen Schildhof und zweigt nach dem Ganderhof rechts ab. Der Wanderweg verläuft in leichtem Auf und Ab über die westseitigen Hänge des Passeiertals talauswärts, zuerst über die Wiesen oberhalb des Sandhofs und der alten Gebäude, die zum Passeier-Museum gehören, dann vor allem durch Wald. Man orientiert sich dabei an den Wegweisern des E5. Nach einer Stunde quert man den Fartleisbach und passiert mit der **Hofschenke Pfeiftal** 02 eine erste Einkehrmöglichkeit (Donnerstag Ruhetag). Anschließend steigt man über die waldigen Hänge bergan, bis man auf die Prantacher Straße trifft. Bei einer kleinen Kapelle führt ein Steig, der die Straße abkürzt, weiter Richtung Pfandleralm (Mark. 1). Man geht zwischen den Häusern von Prantach hindurch, am ehemaligen **Gasthaus Pfandlerhof** 03 vorbei und weiter zum Waldrand. Dort knickt der Weg nach links, überquert einen Parkplatz (bis hierher Fahrmöglichkeit auf Bergstraße ab St. Martin) und führt ziemlich steil durch den Wald zur Lichtung mit der **Pfandleralm** 04 hinauf (Freitag Ruhetag). Etwas bequemer, aber länger ist der Anstieg über die Kehren des Fahrwegs.

Start

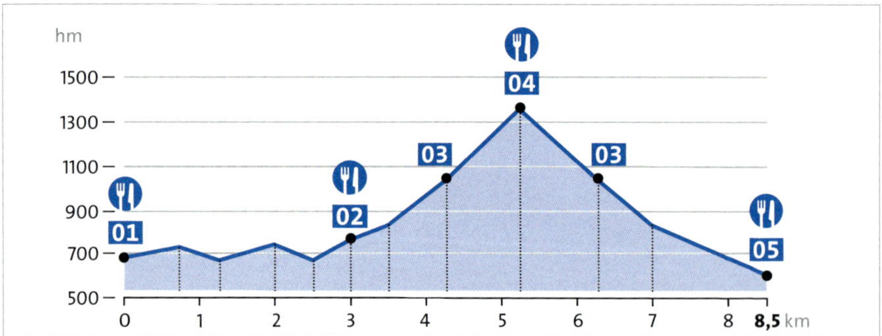

01 688 m, St. Leonhard; 02 751 m, Hofschenke Pfeiftal; 03 1050 m, Pfandlerhof;
04 1350 m, Pfandleralm; 05 595 m, St. Martin

Einst Versteck Andreas Hofers, heute beliebtes Ausflugsziel: die Pfandleralm

Für den Abstieg kehrt man auf dem Anstiegsweg zur Kapelle zurück. Dort biegt man links in die Straße ein, bis kurz darauf rechts der Steig nach St. Martin abzweigt, der die Kehren der Straße abschneidet (Mark. 1 und 2). Sobald man zum zweiten Mal auf das Asphaltsträßchen trifft, folgt man ihm nach links durch eine große Rechtskehre zur Passerbrücke und nach **St. Martin** 05. Von dort Busverbindung zurück nach St. Leonhard.

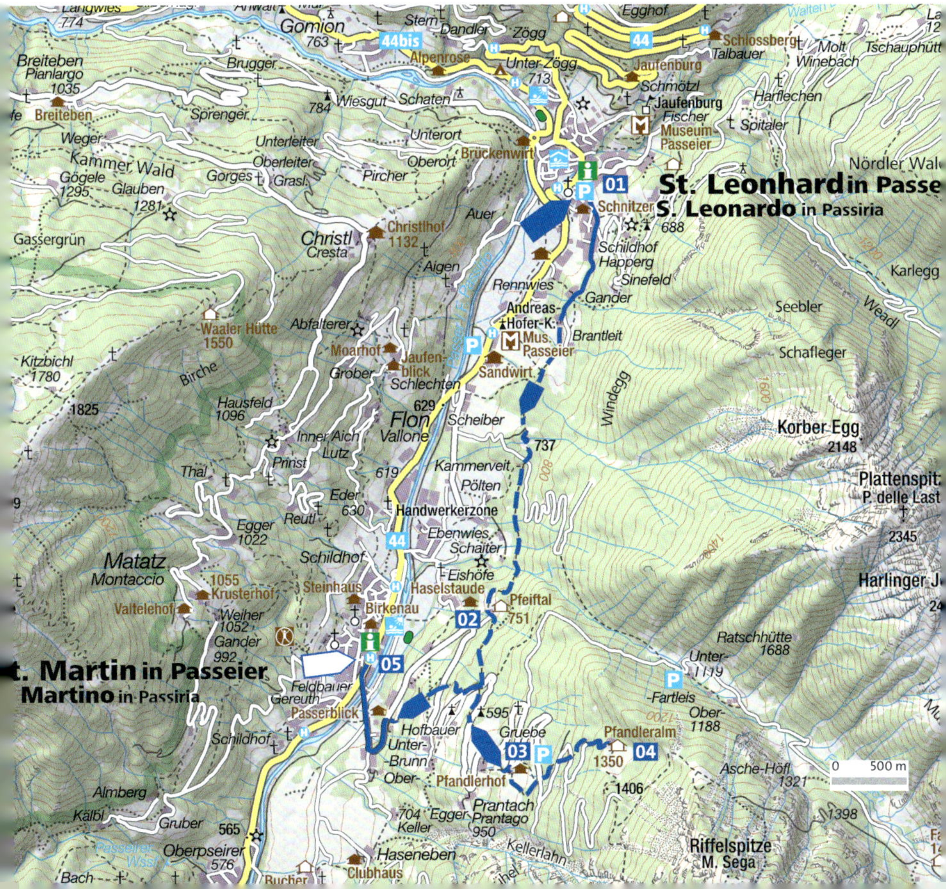

14

Marlinger Waalweg

Der längste Waal Südtirols

START | Töll, 508 m, Parkplatz rechts der Straße von Meran ins Vinschgau vor der Abzweigung nach Oberplars und Vellau. Bus von Meran.
CHARAKTER | Leichte Wanderung auf einem breiten, gut markierten Weg, kaum Anstiege. Die Länge der Tour lässt sich durch unterschiedliche Abstiegsmöglichkeiten individuell gestalten.

9 km
03:15 h
15 hm
202 hm

Der Marlinger Waalweg ist einer der bekanntesten und meistbegangenen Waalwege Südtirols. Auf einer Länge von 12 Kilometern strömt das Wasser durch den künstlich angelegten Kanal – von Töll, wo es der Etsch abgezapft wird, bis zum Raffeingraben bei Oberlana. Aussichtsreich gelegene Gasthäuser und Buschenschanken sorgen entlang des Weges dafür, dass auch das leibliche Wohl nicht zu kurz kommt. Veranlasst wurde der Bau des Waals von den Kartäusermönchen in Schnals, die in der Marlinger Gegend Weingüter besaßen. Seine Fertigstellung dauerte ganze 19 Jahre, von 1737 bis 1756. Auch heute noch ist der Waal für die Bewässerung der Obstkulturen von Bedeutung.

Start

▶ Der Waalweg beginnt auf der dem **Parkplatz Töll** 01 gegenüberliegenden Straßenseite (Schild). Er verläuft zuerst über die bewaldeten Nordhänge oberhalb der Straße, die jedoch schon bald in einem Tunnel verschwindet, führt oberhalb von **Forst** 02 mit der großen Brauerei vorbei und wendet sich bald danach nach Süden. Nun ist man in freierem Gelände unterwegs und genießt Ausblicke auf die Gipfel der Texelgruppe, auf Meran und das Etschtal. Obstgärten säumen den Weg, hin und wieder geht es auch durch Wald. Beim gemütlichen **Buschenschank Larchwalder** 03 (Mittwoch Ruhetag) beginnt ein Walderlebnispfad, dessen Stationen Interessantes über die Natur am Waalweg erläutern. Kurz darauf könnte man in 10 Min. nach Marling absteigen (Mark. 35b). Bleibt man am Waal, passiert man eine Waalerhütte mit einer Waalschelle, die früher dem Waaler den ungestörten Lauf des Wassers anzeigte. Es folgt ein besonders vielseitiges Wegstück: Apfelfelder und Waldstücke wechseln sich ab, der Kanal ist teilweise aus den Felsen am Hang geschlagen.

Beim **Gasthaus Waalheim** 04 (Montag Ruhetag) gibt es erneut eine Abstiegsmöglichkeit nach Marling (Mark. 33). Der Waalweg schlängelt sich weiter am Hang entlang in Richtung Tscherms. Schloss Lebenberg, das auf einem Geländevorsprung thront, rückt ins Blickfeld (Besichtigung mit Führung, täglich außer Sonntag geöffnet 10.30–12.30 Uhr und 14–16.30 Uhr, Tel. 0039/320/4018511).

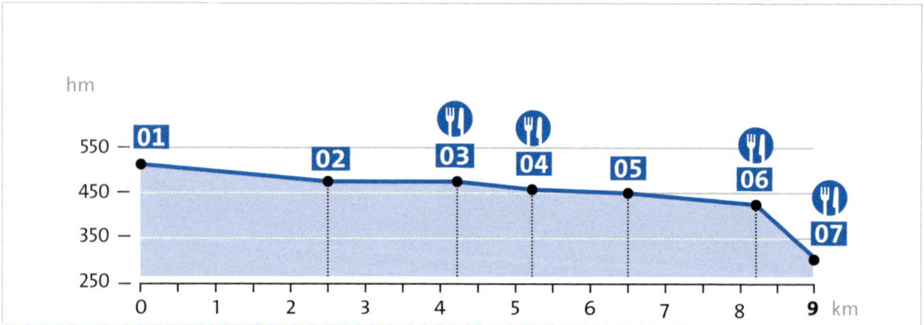

01 508 m, Parkplatz Töll; 02 475 m, Abzw. Forst; 03 478 m, Buschenschank Larchwalder;
04 461 m, Gasthaus Waalheim; 05 450 m, Straße Schloss Lebenberg;
06 424 m, Buschenschank Oberbrunn; 07 306 m, Oberlana

Der schön angelegte Waalweg über Meran

Man kreuzt die **Straße** **05**, die zum Schloss hinaufführt, und einen Bachgraben. Aussichtsreich geht es nun entlang des Tschermser Waals durch Obstgüter, vorbei an einer weiteren Einkehrmöglichkeit, dem Gasthaus Leitenschenke (Samstag Ruhetag). Immer wieder sind Abstiegsalternativen nach Tscherms ausgeschildert. Schließlich endet der Waal beim Raffeingraben oberhalb von Lana. Man geht auf einer Straße kurz rechts bergauf und zweigt in einer Rechtskehre links ab, um zum **Buschenschank Oberbrunn** **06** mit schönem Garten zu gelangen (Dienstag und Mittwoch Ruhetag, Anfang Juni bis Mitte August geschlossen).

Von dort folgt man dem Sträßchen weiter nach Oberlana hinunter, biegt dort rechts in eine quer verlaufende Straße ein und gelangt anschließend links zu einem Kreisverkehr. Man überquert ihn und kommt zum Busbahnhof von **Oberlana** **07** mit Busverbindung nach Meran und von dort nach **Töll** **01**.

Links das Wasser und rechts die Weinreben

Tabland
Tabla
1243
Fletscher
Hochseilgarten
Wasserfall
1196
Prünster
Rawein
Egger
1229
1357
Niederhaus
Kieneggen
Gasteiger
Ladurner
Rammwald
Birkenwald
950
Obermair
Vertigen
Saxner
Ebner
1018
Niedermair
Oberplars
Plars di Sopra
Leiter am Waal
Mühlbauer
Amesauer
769
Salten
Giggelberg
Moncucco
Durster
1057
Schreibmaschinenmuseum
Lenzenhof
Kostenwaldele
Hofer
Spauregg
Plars
Töller
Maratscher
Rabnsteiner Schupf
1850
Giggelberg
1565
Texelbahn
Stachlburg
Gaudententurm
Unterweirachhof
570
Partschins
Parcines
Breiteben
Rabenstein
Winklerhof
682
Fischer
618
Töll
Tel
Pünthof
Gander
Profing
605
St. Helena
S. Elena
508
Zollwirt
Forst
Foresta
Gruberhof
Pizzeria Spotti
Rastbichl
568
Vinschgerbahn
Josefsberg
Platter Höfe
Unterhueb
Teiner
Töll
514
Niederhof
Quadrat
Gramegg
Unterwandhof
Aufrain
Happichl
Rabland
Rablà
K. u. K. Museum
Bad Egart
Onkel Taa
Brünnl
875
Eisenbahnwelt
Mondo treno
Rössl
Mitterhof
Unterrain
994
Hanswirt
Niederweg
518
Rabland
Laterne
Steinbrüche
Cave di pietra
Oberbrunn
922
Mahlbach
Schmelch
Saring
Etsch - F. Adige
Brugghof
Niedereben
Vinschgerbahn
Untermelz
Unterobereben
Rasner Kreuz
Eggerhof
Plaus
Schulerhof
Ried
521
Mair im Ried
Obereben
519
Plaus
Gröber
Meringer
1614
Säge
Wiesgut
Seilbahn Aschbach
Hausbacher
Tappeiner
1643
Kreuzjoch
Giogo d. Croce
Obermelz
Pfarcher
Tuile
Platz
Aschbach
Rio Lagundo
1362
Neuhaus
1681
Seespitz
Hohe Tann
1779
Schwarze Lacke
Biotop/Biotopo
Holzer
Pircher
1012
St. Maria im Schnee
1326
Aschbacher Hof
Thaler Höfe
Oberhaus
Bichl-Höfe
Brunner
1160
St. Vigil
M. S. Vigilo
1793
Larchbühel
1837
Sessellift
1814
Brandhof
1044
Steil
986
Plon
1041
Kalkstein
Vigiljoch
1743
Jocher
1600
Lichtmoos
Goldbrünnl
Bärenbad
Siebenbrünner
Le Sette Fontane
Bärenbadquelle
Sorg. dell'Orso
Radioaktive Quellen
Mitterhöfe
1374
Oberhöfe
Hotel Vigilius Mountain Resort
Roterde
1932
1913
Gabich
Pawigl
Pavicolo
1870
1964
Rauher Bühel
Colle Scabro
1156
St.Oswald
Pawigler Wirt
Niederhöfe
1166
Naturnser Alm 1910
1996
2027
2009
2029
Greitwies
(fährt bei Bedarf)
1705
Guggenberger Alpl
Klein Jöchl
Lacke
Guggenberg
Oberguggenberg
1530
Forcha
1391
Gegend
Steinberg
Martscheinberg
Hüttstall
Naturnser Hochjoch
Giogo Alto
2006
Leachen
Feldele
1348
Engenthal
Graberle
1276
2443
2241
Nolm
Vetterer Berg
Wildgrub
944
Klaus
793
Haureggen
Bergmann
1285
Alpreid
Irmgard
Alpreider Bichl
Tratt
01
02
38

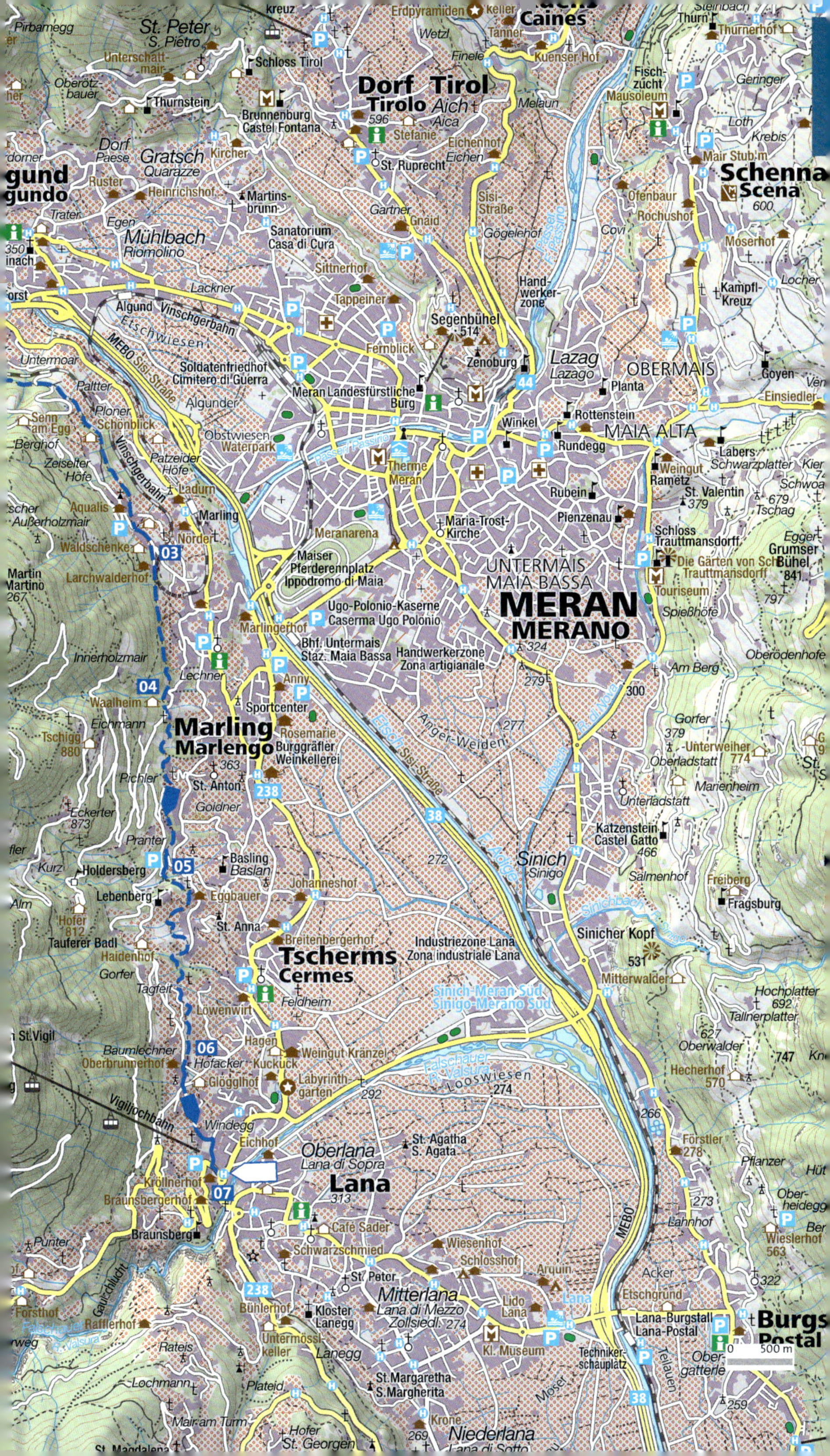
St. Peter
S. Pietro
Caines
Schloss Tirol
Dorf Tirol
Tirolo
Aich
Aica
Brunnenburg
Castel Fontana
Thurnstein
Stefanie
St. Ruprecht
Eichenhof
Gratsch
Quarazze
Dorf
Paese
Martinsbrunn
Mühlbach
Riomolino
Sanatorium
Casa di Cura
Gnaid
Gögelehof
Schenna
Scena
Mausoleum
Algund
Vinschgerbahn
Segenbühel
Zenoburg
Lazag
Lazago
OBERMAIS
MAIA ALTA
Soldatenfriedhof
Cimitero di Guerra
Meran Landesfürstliche Burg
Obstwiesen
Waterpark
Therme
Meran
Winkel
Rottenstein
Rundegg
Rubein
Pienzenau
Maria-Trost-Kirche
Meranarena
Maiser Pferderennplatz
Ippodromo di Maia
Ugo-Polonio-Kaserne
Caserma Ugo Polonio
Bhf. Untermais
Staz. Maia Bassa
Handwerkerzone
Zona artigianale
UNTERMAIS
MAIA BASSA
MERAN
MERANO
Schloss Trauttmansdorff
Die Gärten von Schloss Trauttmansdorff
Touriseum
Marling
Marlengo
Sportcenter
Rosemarie
Burggräfler Weinkellerei
St. Anton
Basling
Baslan
Johanneshof
Eggbauer
St. Anna
Breitenbergerhof
Tscherms
Cermes
Industriezone Lana
Zona industriale Lana
Sinich
Sinigo
Katzenstein
Castel Gatto
Sinicher Kopf
Sinich-Meran Süd
Sinigo-Merano Sud
Weingut Kränzel
Labyrinthgarten
Vigiljochbahn
Oberlana
Lana di Sopra
Lana
St. Agatha
S. Agata
Braunsberg
Café Sader
Schwarzschmied
St. Peter
Mitterlana
Lana di Mezzo
Zollsiedl.
Lido Lana
Kl. Museum
Lana-Burgstall
Lana-Postal
Burgstall
Postal
St. Margaretha
S. Margherita
Kloster Lanegg
Niederlana
Lana di Sotto
St. Georgen
Gaulschlucht
Untermoar
Fragsburg
Marienheim
500 m

APFELANBAU IN SÜDTIROL

Vom Paradies zur Plantage (und zurück?)

Glaubt man der Bibel, hat alles mit einem Apfel angefangen. In Südtirol dreht sich auch vieles um den knackigen Paradiesapfel, aber ohne das „schluzige“ Schlangenvieh.

Früher hing der Apfel hoch am Baum, unerreichbar für Fremde. Heute ist Südtirol fast schon eine einzige, riesige Apfelplantage mit vielen einzigartigen Anbaumethoden und Apfelsorten.

Manchmal fragt man sich, ob Eva nicht doch eine findige Südtirolerin war, die schon damals den Apfelanbau groß im Stil plante.

Fakt ist: Südtirol ist Europas größter Apfellieferant und produziert jährlich 950.000 Tonnen Äpfel!.

„JEDER ZEHNTE EPFL ISCH A SÜDTIROLER“

Statistisch gesehen, stammt jeder zehnte Apfel in Europa aus Südtirol. Das heißt, dass du mit hoher Wahrscheinlichkeit selbst schon mal in irgendeiner Form ein Stück Südtirol in deiner „Goschen“ hattest.

Wer hier wandert, stolpert früher oder später über einen Apfelbaum.

Aber aufgepasst: Die Bauern sind sehr territorial mit ihren Anbauflächen und wirst du auf ihrem Grund unerlaubt erwischt, so ist ein „schleich di!“ „des isch Privatgrund“ oder sogar eine Beregnungsdusche nicht unwahrscheinlich.

Schleich di! Desch meine Wies!!

OPA WALTERS APFELTIPPS:

- Golden und Stark sind nur zum Strudel machen gut.
- Die roten Äpfel sind meist die schmackhaftesten (Gala, Kanzi, Pinova, Envy).
- Probiere veredelte Apfelprodukte wie Apfelmost, getrocknete Äpfel und vor allem Apfelcider, das ist ein „Pappele".
- Verbringe eine Sommer-Saison als Hilfsarbeiter (Knecht) auf einem Apfelhof, um den bestmöglichen Bezug zur Apfelwelt zu bekommen.

ZUM VIDEO

15 Durch das Ultental: Ultner Höfeweg

Einblicke in das bäuerliche Leben

START | St. Nikolaus, 1225 m, Parkplatz beim Sportplatz (neben der Talstraße); Bus von Meran.
CHARAKTER | Einfache Wanderung ohne großen Höhenunterschied. Gute Wanderwege und verkehrsarme Sträßchen.

9 km
03:00 h
299 hm
299 hm

Start

Verwitterte Schindeldächer, wettergegerbte Balken, windschiefe Holzzäune – im Ultental hat sich die bäuerliche Kulturlandschaft wie nur in wenigen Südtiroler Tälern erhalten. Vor allem im inneren Ultental trotzen noch viele Höfe in traditioneller Holzbauweise Wind und Wetter.

Der Ultner Höfeweg ist eine Zeitreise zu diesen jahrhundertealten Zeugnissen bäuerlichen Lebens. Man kann die Wanderung auch bereits in Kuppelwies beginnen (hin und zurück insgesamt 2:30 Std. zusätzlich).

Vom **Parkplatz bei St. Nikolaus** 01 geht man talauswärts zur Ortseinfahrt von St. Nikolaus und folgt ihr zur Kirche hinauf. An der Straße, die oberhalb des Gotteshauses vorbeiführt, stößt man auf den gut ausgeschilderten Ultner Höfeweg und biegt links ein. Bei den obersten Höfen von St. Nikolaus beginnt ein Wanderweg, der in leichtem Auf und Ab über die Talhänge verläuft. Der Wald ist einem schweren Sturm, der im Herbst 2018 hier wütete, zum Opfer gefallen. Bei den **Gasteig-Höfen** 02 mündet der Weg in das Höfesträßchen. Weiter am Hang entlang passiert man die Gschöra- und die Schwaig-Höfe, quert einen Bach und steigt bei den Grubern-Höfen rechts am Waldrand entlang zu den Eggen-Höfen hinauf, die exponiert auf einem Wiesenabsatz liegen. Kurz darauf hat man beim **Oberkropfen** 03 den höchsten Punkt erreicht und wandert zur Talstraße hinunter, auf die man in der Nähe von St. Gertraud trifft. Man folgt ihr links durch die Kehre und biegt kurz vor dem **Gasthaus Edelweiß** 04 (Mi. Ruhetag) rechts über die Brücke ab. Geradeaus ist in der restaurierten Lahnersäge ein Besucherzentrum des Nationalparks Stilfser Joch eingerichtet. Eine Ausstellung erzählt Spannendes zum Thema Wald (Öffnungszeiten unter www.nationalpark-stelvio.it, Tel. 0039/0473/798123). Der Ultner Höfeweg führt nach links am Bach entlang und bei der nächsten Brücke halbrechts über die Wiesen zu den Lahnerhöfen. Bei der Höfegruppe Außerlahner bieten sich der Hofschank bei den Urlärchen (Mo. und Fr. Ruhetag) und das Restaurant Lärchengarten (Di und Mi Ruhetag) zu einer Einkehr an. Gleich neben den Höfen kann man die Ultner **Urlärchen** 05 bestaunen. Das Alter der drei Baumriesen wird auf über 2000 Jahre geschätzt. Auf einem Wiesen- und Waldweg kommt man

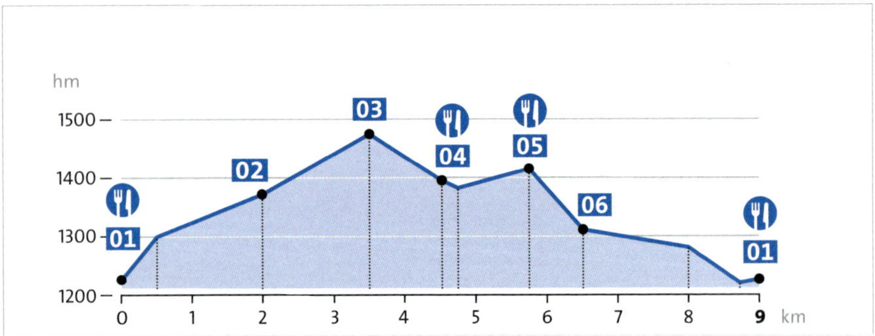

01 1225 m, Parkplatz beim Sportplatz; 02 1374 m, Gasteig-Höfe; 03 1474 m, Oberkropfen; 04 1397 m, Gasthaus Edelweiß; 05 1430 m, Urlärchen; 06 1326 m, Klapfberg-Wasserfall

Ultental mit Zoggler Stausee

zu einer Straße, biegt rechts ein, verlässt sie jedoch gleich wieder auf einem Feldweg. Auch die folgende Straße wird nur kurz berührt, bis ein Fußweg zum **Klapfberg-Wasserfall** 06 abzweigt. Nun wandert man etwas oberhalb des Talbodens nach Nordosten und trifft schließlich auf die Almstraße, die ins Auerbergtal hineinführt. Auf ihr steigt man links hinab zur Brücke über den Falschauer Bach und kehrt zum **Parkplatz** 01 bei St. Nikolaus zurück.

16

Über das Tisner Mittelgebirge

Kirchen, Schlösser und Gasthöfe

15,5 km
05:15 h
780 hm
780 hm

START | Nals, 313 m, Parkplatz am Ortseingang bei der Feuerwehrhalle. Bus von Meran über Lana.
CHARAKTER | Unschwierige Waldwege und -steige, allerdings teilweise etwas holprig, Trittsicherheit von Vorteil, einige Abschnitte auch auf Wirtschaftswegen und kleinen Straßen. Die gesamte Wanderung erfordert Ausdauer, vor allem der längere und teils etwas steile Anstieg zur Kirche St. Apollonia.

Manch geschichtsträchtiger Platz wird auf dieser Wanderung über hügeliges Wald- und Bauernland oberhalb von Nals, auch Tisner Mittelgebirge genannt, erkundet. Kleine Kirchen romanischen Ursprungs thronen auf aussichtsreichen Anhöhen. Ihre alten Gemäuer strahlen eine besondere Atmosphäre und Stille aus, ihre Lage bietet einen eindrucksvollen Weitblick über die flachen Talböden des Etschtals, auf die Stadt Bozen und auf das felsige Kunstwerk des Rosengartens. Auch Schloss Katzenzungen bei Prissian überdauert seit Jahrhunderten den Wandel der Zeit und war zur Zeit der Renaissance ein bedeutender Adelssitz. Am Fuß des stattlichen Anwesens wächst der größte und vermutlich auch älteste Rebstock der Welt. Rund 360 Jahre alt soll er sein. Sein Blätterdach bedeckt über 300 m². Jedes Jahr werden mehrere Dutzend Flaschen Weißwein aus seiner Traube, der autochthonen Rebsorte Versoaln, produziert.

Start

Die Wanderung startet im Zentrum von **Nals** 01. Von der Touristinformation geht man zum Hotel Kreuzwegerhof, hält sich dort rechts und folgt unmittelbar nach dem Hotel dem Schild „Nachtigallensteig" links in eine schmale Gasse. Kurz darauf zweigt rechts ein Wanderweg ab und führt in flachen Kehren den bewaldeten Hang hinauf. Bei einem Wetterkreuz öffnet sich der Blick ins Etschtal und nach Bozen. Dort wird ein Weinberg, der als Privatbesitz ausgeschildert ist, rechts umgangen. Wenig später trifft man auf die Straße nach Sirmian, folgt ihr einige Minuten bergauf und geht in einer Rechtskehre geradeaus auf einen Waldweg (Mark. 9). Er mündet nach kurzem Anstieg wieder in die Straße. Auf ihr wandert man an Schloss Payersberg (in Privatbesitz) vorbei und nach **Untersirmian** 02 hinauf.

Bei einem Parkplatz biegt man rechts ab, geht an der Herz-Jesu-Kirche vorbei und lässt eine Abzweigung nach Grissian rechts liegen. Man verlässt den Ortsteil auf einem Feldweg, steigt wiederum durch Laubwald an und kreuzt dabei mehrmals die Straße nach Obersirmian. Trifft man das zweite Mal

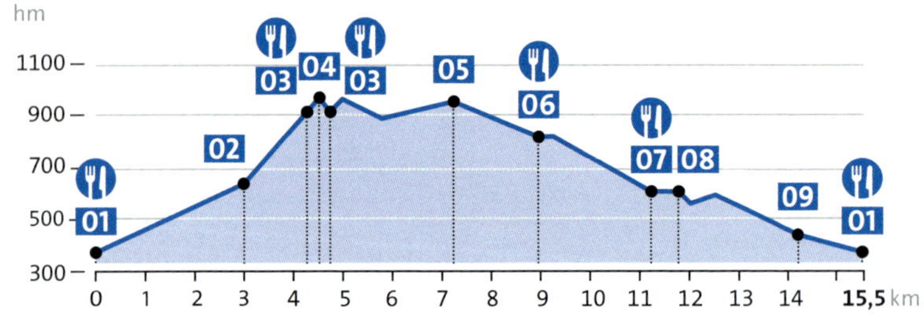

01 313 m, Nals; 02 680 m, Untersirmian; 03 908 m, Gasthaus Apollonia; 04 940 m, Kirche St. Apollonia; 05 921 m, Kirche St. Jakob; 06 824 m, Grissian; 07 610 m, Prissian; 08 604 m, Schloss Katzenzungen; 09 440 m, Ruine Kasatsch Pfeffersberg

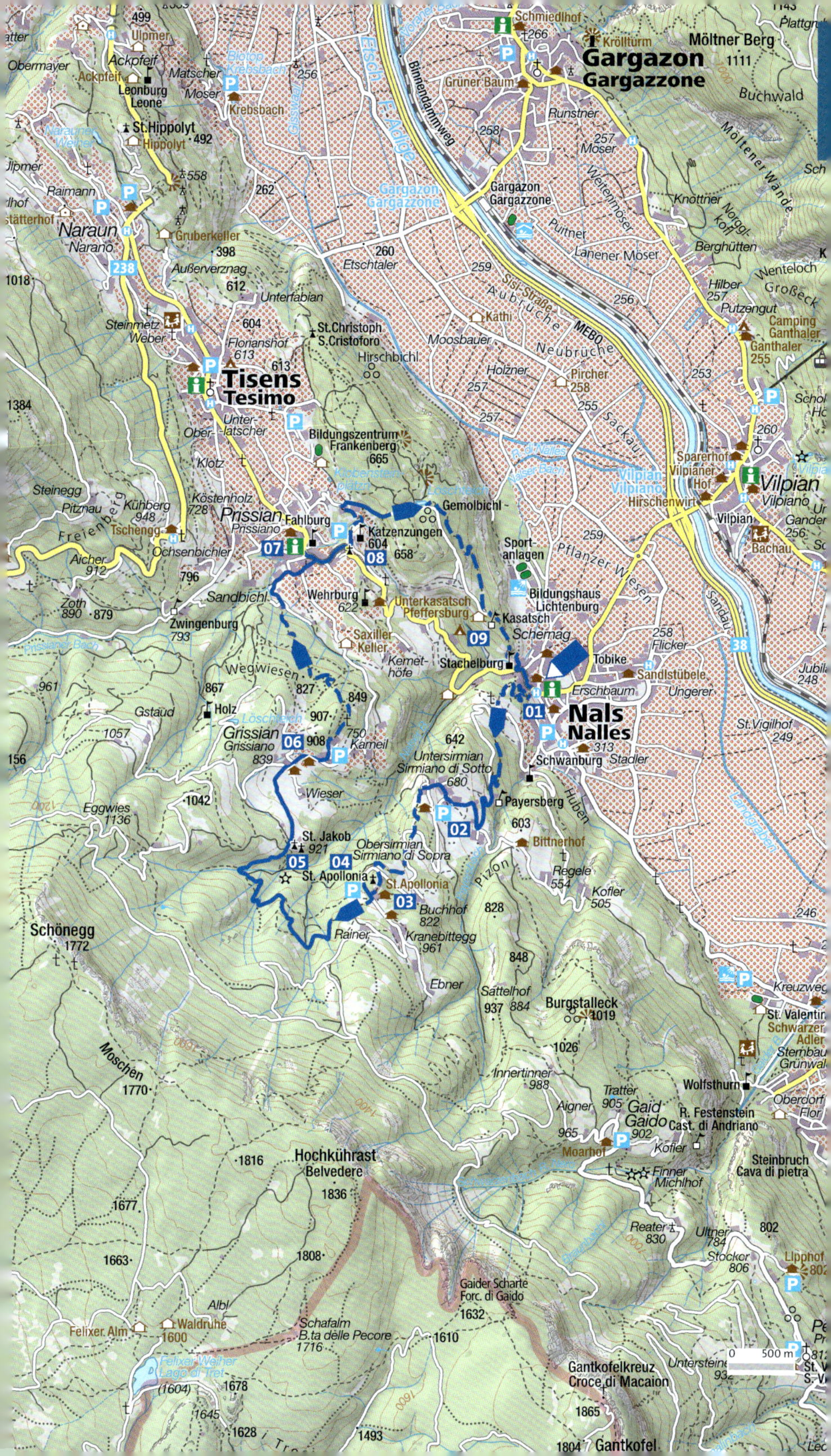

Gargazon
Gargazzone
Schmiedlhof
Krölltum
Möltner Berg
Grüner Baum
Runstner
Buchwald
Binnendammweg
Etsch
Adige
Gargazon
Gargazzone
Weitenmoser
Knottner
Berghütten
Putzengut
Camping Ganthaler
Ganthaler
Vilpian
Vilpiano
Sparerhof
Vilpianer Hof
Hirschenwirt
Bachau
Ulpmer
Ackpfeif
Leonburg
Leone
Matscher
Moser
Krebsbach
St.Hippolyt
Hippolyt
Raimann
Naraun
Narano
Gruberkeller
Außerverznag
Unterfabian
Steinmetz Weber
Florianshof
St.Christoph
S.Cristoforo
Hirschbichl
Tisens
Tesimo
Unter-
Ober-
Iatscher
Bildungszentrum Frankenberg
Klotz
Steinegg
Pitznau
Kühberg
Köstenholz
Prissian
Prissiano
Fahlburg
Katzenzungen
Gemolbichl
Tschenng
Ochsenbichler
Aicher
Zoth
Sandbichl
Wehrburg
Unterkasatsch
Pfeffersburg
Saxiller Keller
Kasatsch
Schernag
Bildungshaus Lichtenburg
Sport-anlagen
Zwingenburg
Wegwiesen
Kemet-höfe
Stachelburg
Tobike
Sandlstübele
Erschbaum
Ungerer
Holz
Gstaud
Grissian
Grissiano
Kameil
Nals
Nalles
Schwanburg
Stadler
St.Vigilhof
Untersirmian
Sirmiano di Sotto
Wieser
Payersberg
Eggwies
St. Jakob
Obersirmian
Sirmiano di Sopra
St. Apollonia
Bittnerhof
Regele
Kofler
Buchhof
Rainer
Kranebittegg
Schönegg
Ebner
Sattelhof
Burgstalleck
Moschen
Innertinner
Tratter
Aigner
Gaid
Gaido
R. Festenstein
Cast. di Andriano
Wolfsthurn
Moarhof
Kofler
Finner
Michlhof
Steinbruch
Cava di pietra
Hochkührast
Belvedere
Reater
Ultner
Stocker
Lipphof
Gaider Scharte
Forc. di Gaido
Schafalm
B.ta delle Pecore
Albl
Felixer Alm
Waldruhe
Felixer Weiher
Lago di Tret
Gantkofelkreuz
Croce di Macaion
Gantkofel
Untersteiner
St. Valentin
Schwarzer Adler
01
02
03
04
05
06
07
08
09
238
38
0 500 m

Kapelle mit Weitblick: St. Apollonia

auf die Straße, setzt sich der Anstieg auf dem Wanderweg 50 Meter nach rechts versetzt fort. Schließlich ist das **Gasthaus Apollonia** 03 am Fuß des Kirchenhügels erreicht (Montag Ruhetag). Auf der aussichtsreichen Terrasse kann man sich mit kreativer Südtiroler Küche verwöhnen lassen: Die Wirtsleute lassen sich immer wieder etwas Neues einfallen. Hinter dem Gasthaus beginnt der kurze Anstieg zur **Kirche St. Apollonia** 04 (Schlüssel im Gasthof). Dort

Anstieg nach Untersirmian mit dem Etschtal zu Füßen

fasziniert der Blick auf das Häusermeer von Bozen mit den Dolomitenmassiven Rosengarten und Latemar darüber.

Wieder zurück beim **Gasthaus** 03 überquert man beim Parkplatz die Zufahrtsstraße und folgt einem steinigen Weg Richtung „St. Jakob“ bergauf (Mark. 8). Nach zehnminütigem Anstieg hält man sich rechts und wandert bequem und ohne großen Höhenunterschied an den von tiefen Bachgräben durchzogenen Waldhängen entlang. Bei einer Wegkreuzung geht man geradeaus zum Hügel mit dem **Kirchlein St. Jakob** 05 hinauf. Es wurde im Jahr 1142 geweiht. Seine Fresken zählen zu den bedeutensten romanischen Werken Südtirols (geöffnet Ostern bis Allerheiligen täglich 9–18 Uhr). Von der Wegkreuzung unterhalb des Kirchenhügels führt rechts ein breiter Schotterweg über Viehweiden zu den Höfen von Grissian. Dort gelangt man rechts zur Kirche von **Grissian** 06 und zum Gasthaus Schmiedlhof, der mit tollem Panoramablick auf Bozen und Rosengarten noch einmal zu einer Stärkung einlädt (Dienstag Ruhetag).

Der Weiterweg zweigt nach der Kirche links ab (Wegweiser „Prissian Waldsteig“), verläuft hinter dem Hotel-Gasthaus Grissianer Hof (Mittwoch Ruhetag) vorbei und leitet in wechselndem Gefälle durch schönen Mischwald bergab. Nach einer halben Stunde kommt man zu den ersten Häusern von Prissian, wandert auf den Zufahrtsstraßen hinunter in den Ort und biegt beim Haus Weingartner links in eine Gasse ab. Hält man sich bei einem Brunnen erneut links, kommt man zu einer Kneippanlage – an warmen Tagen eine willkommene Erfrischung. Um in den Ortskern von **Prissian** 07 mit Kirche, Gasthäusern und Touristinformation zu gelangen, folgt man der Hauptstraße links über eine Brücke. Wer will, kann mit dem Bus nach Nals zurückkehren.

Für den Abstieg zu Fuß geht man aus dem Dorfzentrum über die Brücke zurück und entlang der Hauptstraße zu einer Kirche mit auffällig grünem Dach. Dort zweigt man links zum **Schloss Katzenzungen** 08 ab und hält sich vor dem stattlichen Gebäude erneut links, um kurz darauf unter dem weit verzweigten Blätterdach des alten Rebstocks zu stehen. Man folgt dem Steig weiter in ein Bachtal hinab und über eine Brücke. Wenig später geht man rechts zu einem Parkplatz und steigt auf der bergaufführenden Straße zu einem bewaldeten Sattel hinauf (Wegweiser „Nals“). Bei einem Teich informiert eine Tafel über den Erlebnisweg Vorbichl. Dort beginnt auch ein mit Nr. 2 markierter Fußweg nach Nals. Er verläuft für einige Meter neben der Straße und quert anschließend ein gutes Stück unterhalb des Fahrwegs die bewaldeten Hänge.

Nach einem Wegabschnitt entlang von Weinbergen führt ein kurzer Anstieg zur **Ruine Kasatsch Pfeffersburg** 09 hinauf. Ihre Mauerreste sind zugänglich und laden zu einer kleinen Erkundungstour ein. Das benachbarte Gasthaus ist leider geschlossen. Anschließend folgt man dem Wanderweg 2 unterhalb der Ruine vorbei und steigt nach Nals ab. Am Ortsrand überquert man bei der Kellerei Stachelburg den Nalser Bach und kehrt zurück ins Ortszentrum von **Nals** 01.

Schloss Wehrburg bei Prissian

Rund um Bozen

17 Kassianspitze • 2581 m und Latzfonser Kreuz • 2311 m

Panoramaplatz und Wallfahrtsort

15,25 km
06:00 h
520 hm
1100 hm

START | Bergstation der Seilbahn Reinswald, 2150 m, Parkplatz an der Talstation in Reinswald. Bus von Bozen.
CHARAKTER | Gute Bergwege, im Bereich der Kassianspitze steilere An- und Abstiege, Trittsicherheit erforderlich. Durch die Seilbahnauffahrt sind nicht allzu viele Anstiegshöhenmeter zurückzulegen, dafür ist der Abstieg lang.

Das neugotische Kirchlein zum Latzfonser Kreuz mit dem „Schwarzen Herrgott“ ist einer der höchstgelegenen Wallfahrtsorte Europas. Neben der Kirche baute man Anfang des 19. Jahrhunderts ein einfaches Hospiz für die zahlreichen Pilger. Heute bietet das 1952 eingeweihte Schutzhaus Latzfonser Kreuz den Wanderern ein Dach über dem Kopf. Von seiner Terrasse öffnet sich mit der gezackten Silhouette der Dolomiten ein großartiges Panorama.

Noch umfassender ist der Rundblick vom Gipfel der Kassianspitze. Wer auf die Seilbahn verzichten will, hält sich bei der Talstation an den Wegweiser „Pichlberg“ (1:30 Std.).

Start

▶ Bei der **Bergstation der Seilbahn Reinswald** 01 folgt man den Wegweisern zur Getrumalm und zum Latzfonser Kreuz links bergauf und geht auf einem Fahrweg oberhalb der modernen Pichlberghütte vorbei (Mark. 11). Zunächst steigt man einige Höhenmeter an, dann quert man sanft fallend die Latschenhänge über dem Getrumtal zur **Getrumalm** 02 und kommt dabei an den Stationen des Urlesteigs vorbei. Ein guter Wanderweg führt mäßig ansteigend in den Talschluss (Mark. 7). Man passiert eine Abzweigung zum Getrumsee und folgt der Markierung 7 nach rechts. Wenig später zweigt links ein Steig zur Kassianspitze ab (Mark. 8b).

Wer direkt zum Latzfonser Kreuz gehen will, bleibt auf Weg Nr. 7. Der Gipfelanstieg führt über felsdurchsetzte Wiesen bergauf, mündet in den Kammweg von der Getrumspitze herüber und steigt rechts etwas steiler zu einer Einsattelung unterhalb des Gipfels an. Links gelangt man über einen grasigen Rücken zur **Kassianspitze** 03 hinauf und wird erst einmal über den herrlichen Ausblick staunen. Anschließend kehrt man zum Sattel zurück und

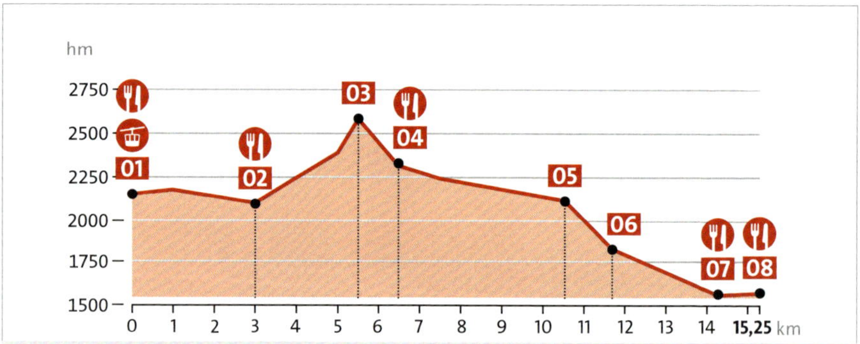

01 Bergstation Kabinenbahn Reinswald, 2150 m; 02 Getrumalm, 2094 m; 03 Kassianspitze, 2581 m; 04 Latzfonser Kreuz, 2311 m; 05 Scholer Bild, 2107 m; 06 Getrumtal, 1826 m; 07 Reinswalder Mühlen, 1562 m; 08 Talstation Kabinenbahn Reinswald, 1575 m

Wallfahrtsort Latzfonser Kreuz

Privilegierter Platz: Latzfonser Kreuz mit Geislerspitzen

Das Kruzifix mit dem „Schwarzen Herrgott“ wurde im Jahr 1700 dort, wo heute das Kirchlein steht, zum Schutz vor drohenden Unwettern aufgestellt. Seine schwarze Farbe hat es vermutlich von einem Gemisch aus Ochsenblut und Baumharz, das das Holz vor Wettereinflüssen schützen sollte. Laut der Sage hat man das Kreuz in feierlicher Prozession an verschiedene Stellen getragen, die der Herrgott jedoch ablehnte. Erst als die fromme Gemeinschaft zu den Wiesenböden unterhalb des Ritzlars kam, war er zufrieden. So wurde dort 1743 eine kleine Kirche errichtet. Das wichtigste Fest feiert man am 22. Juli.

Die Kassianspitze

Egger
Stuefer Höfe
Kofler
Hofer
Gronder
Lipper
2269
Pfattenspitze
C. delle Laste
2432
Pfattner Höfe
Kröss
Maurer Hof
Urlaub a. Bauernhof
1733
Gramm
1494
Hirscheck
2421
Waldinger
Pfattenalm
2360
Jöchler
2084
Pfattner Albl
Marcher
Stallderswald
Kollmann
1470
Weiferötz
Echo Quelle
Getrumspitz
2588
1872
Lutzmoos
Wintermoos
2029
Plankenhorn
2589
Plattner
Oberweife
Oberst-Höfe
Morgenrast
M. Mattina
2351
2354
Dolomiten-rundblick
Winter
1317
1659
Hinterreinswald
S. Martino di Dentro
Ebner Boden
Wieshäusl
2022
Innerebner
2491
Plattsee
Sattele
Alpenwellness
Eschgfeller
Tschafauner
Trotner
Außerebner
Pichlberg
Pfnatschalm
2078
Obertrappmann
Plankenhörndl
2383
Ebner Sepp
Pichlberg
01
02
Getrum
Getrumalm
2094
Reinswald
Boscoriva
Wiesler
Gerli
Wiedner
Bergerhof
Kirchenhof
Planken
Bergrestaurant & Iglu
Sunnolm
1834
Chrust-Gepatsch
2020
08
S. Martino
Moar Höfe
Santer Hof
Bären-stube
Urlelock
Hoffmannwies Alm
Reinswalder Mühlen
Hillwald Hütte
06
2191
07
Binder
Hofschenke
Reinswalder Mühlen
Val
Roterde
Getrumtal
Herz Jesu
2160
Forsthütte
Guflreiteck
05
Gföhler
Gschwendt Alm
Nock
2121
2146
Seeberg
M. del Lago
ehem. Schmelzofen
Auf der Wurz
Sturm Leger
Plankwies
1740
Bliemler
Prackfiederer-jöchl
2120
Schwarzer See
2060
2086
Moar in Ums
2047
Gschwendtnerjöchl
1968
Seeberg Seen
Rafuschgelalm
Knappenstollen
Seeberg-Alm
Totenrücken
2221
Breitner Alm
1982
2009
Marzoner Grattl
2016
Villandersberg
M. Villandro
2509
Totenkirchl
2186
Pfroder Alm
2146
Pschnacker Grattl
1989
Zwölfernock
2430
Moos Wiesen
Marzuner Schupfe
1940
Fürstendrembl Alm
2000
Plattenalm
2401
Totensee
2208
Köber Leger
Eisteck Alm
Villanderer Alm
Alpe di Villandro
ehem. Lats
Sarner Scharte
M. Forcella Sarentina
2468
Königslacken
2381
Schartl
Schönland
Brunnleit
Sarner
Bittner Bildstock
2149

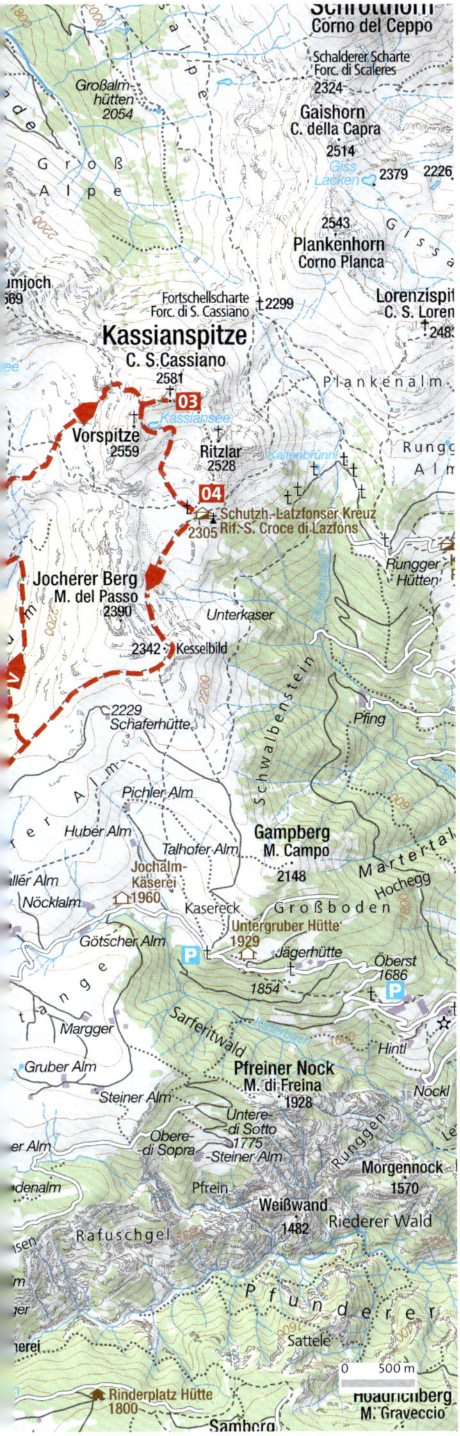

wandert links hinunter zum kleinen Kassiansee (Mark. 9). Man geht an seinem Südufer entlang und steigt über eine Geröllhalde und über Wiesenböden zur **Latzfonser-Kreuz-Hütte** **04** mit der Wallfahrtskirche ab. Nach der Rast mit tollem Dolomitenblick folgt man einem Wegabschnitt der Sarntaler Hufeisentour und geht südlich der Hütte den Bergkessel unterhalb des Jocherer Bergs aus (Mark. 1). Bei einem Geländevorsprung mit dem „Kessel-Bildstock" wendet sich der Steig nach rechts und führt zum breiten Wiesenrücken der Jocherer Alm, über den er nun sanft abfällt. Rechts könnte man bei einer ausgeschilderten Abzweigung ins Getrumtal absteigen und zur Getrumalm und zur Kabinenbahn zurückkehren. Weg Nr. 1 führt geradeaus zum **Scholer Bildstock** **05**.

Wer sich noch einmal stärken will, zweigt vorher links mit Markierung 15a zur gastlichen Stöfflhütte ab, einem beliebten Ausflugsziel (2057 m, 20 Std.). Für den weiteren Abstieg biegt man beim Bildstock rechts auf den breiten Almweg ein, der über steile Waldhänge ins **Getrumtal** **06** hinunterleitet (Mark. 1a). Am Talgrund angelangt, folgt man dem Getrumbach talauswärts und bleibt dabei immer am Bachufer, bis man zu den **Reinswalder Mühlen** **07** kommt (Jausenstation geöffnet ab 13.30 Uhr). Dort überquert man die Brücke und kehrt mit kurzem Anstieg zur **Seilbahn-Talstation** **08** in Reinswald zurück.

18 Radlseehütte • 2284 m und Königsanger • 2436 m

Panoramaplätze hoch über Brixen

10 km
05:15 h
1080 hm
1080 hm

START | Perlungerhof, 1380 m, in Gereuth oberhalb von Brixen. Von Brixen nach Tils, weiter auf schmaler Bergstraße 4 km nach Gereuth und zum Parkplatz unterhalb des Perlungerhofs. Bus 344 von Brixen nach Tils, 900 m, von dort auf Weg 8a über den Plonerhof zum Ausgangspunkt (1.15 Std.).
CHARAKTER | Waldreicher Anstieg, der im oberen Abschnitt mit großartigem Panorama belohnt wird. Einige Abschnitte auf Forststraßen, sonst steinige, aber unschwierige Bergwege. Der Abstieg ist teils sehr steil und erfordert Trittsicherheit auf einem schotterigen Steig, alternativ auf der Anstiegsroute absteigen.

Die Radlseehütte ist an einem privilegierten Standort erbaut und hat einiges zu bieten. Der Radlsee dient als erfrischender „Hüttenpool". Auf der sonnigen Hüttenterrasse werden Wanderer verwöhnt – mit einem fantastischen Dolomitenblick und hervorragender Küche. Die Versuchung ist groß, einfach hier zu bleiben, doch den Gipfel des Königsanger (auch Königsangerspitze) sollte man sich nicht entgehen lassen. Sein Panorama ist tatsächlich majestätisch – von den Gardaseebergen über große Gletschergipfel wie Ortler, Hochfeiler und Großvenediger bis zu vielen bekannten Dolomitenbergen. Am Donnerstag ist auf der Radlseehütte Knödeltag. Dann steht ein Dutzend verschiedene Knödel, darunter auch selbst kreierte Rezepte, zur Auswahl.

Start

Gegenüber dem Parkplatz beim **Perlungerhof** 01 beginnt ein markierter Wanderweg, der in ein Waldstück führt. Er leitet rechts am Hof vorbei und zu einer Forststraße hinauf. Man folgt ihr mit Blick auf die Geislerspitzen bergauf, geht in einer Rechtskehre geradeaus und steigt wiederum auf einer Forststraße im Wald an. Auch bei der folgenden Rechtskehre hält man sich geradeaus und ist nun auf einem steinigen Waldweg unterwegs. Bei einer Weggabelung setzt sich der Anstieg rechts fort. Ein Steig zieht steil entlang eines Bachtals über Waldhänge bergauf. Beim **Tannefrit-Kreuz** 02 verzweigt sich der Weg erneut. Rechts führt ein im oberen Teil aussichtsreicher, aber steiler Steig zur Radlseehütte, der hier als Rückweg beschrieben wird. Für den etwas bequemeren Anstieg geht man links zu einer Forststraße und quert auf ihr einige Zeit die Waldhänge, bis man nach rechts zwei Forstwegkehren abkürzen kann (Mark. 8). Anschließend gelangt man links zur Talstation der Materialseilbahn und zweigt dort erneut auf einen Steig ab, der

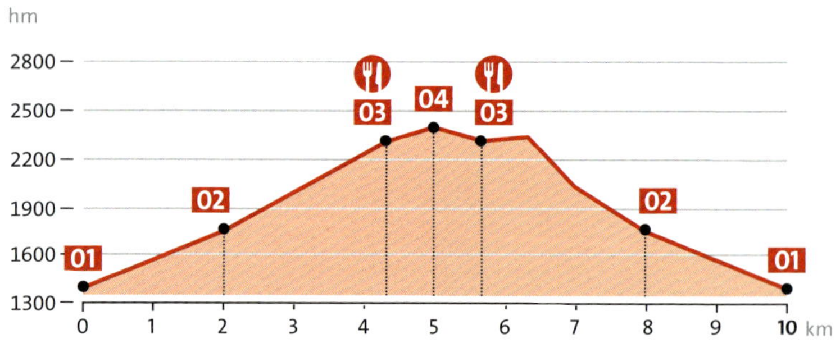

01 Perlungerhof, 1380 m; 02 Tannefrit-Kreuz, 1785 m; 03 Radlseehütte, 2284 m; 04 Königsanger, 2436 m

Blick zu den Geislerspitzen beim Perlungerhof

Fantastische Aussichtsloge: der Königsanger

bald über freie Hänge verläuft. Nun begleitet den Anstieg ein herrlicher Blick auf prominente Dolomitengipfel – vom Peitlerkofel über das Langkofelmassiv bis zum Rosengarten. Sobald man um einen Geländerücken biegt, rückt das einladende Berghaus ins Blickfeld. Nach zehn Minuten hat man die Terrasse der **Radlseehütte** 03 erreicht. Der Anstieg zum Königsanger beginnt auf der linken (westlichen) Seite der Hütte. Ein Steig zieht über den felsdurchsetzten Hang zum Kamm und über den welligen Bergrücken zum Gipfelkreuz des **Königanger** 04 hinauf. Auf einer Kuppe westlich des Gipfels gibt eine Panoramatafel Aufschluss über die unzähligen Gipfel, die sich rundherum aufreihen. Anschließend kehrt man auf demselben Weg oder auf der etwas längeren Abstiegsvariante zur **Radlseehütte** 03 zurück.

Nach der ausgiebigen Einkehr folgt man dem Steig 8b Richtung „Perlunger" unter der Materialseilbahn hindurch und in leicht ansteigender Querung über die Hänge des Hundskopfs. Vor einer felsigen Kuppe zeigt Markierung 8b auf einem Felsen nach rechts. Ein schotteriger Weg leitet steil zuerst über einen Rücken, dann über einen Alpenrosenhang abwärts. Dabei fasziniert vor allem der Tiefblick auf Brixen, aber auch auf die Gletscher der Zillertaler Alpen am Horizont. Schließlich taucht man in den Wald ein und hält sich vor einer kleinen Almhütte links bergab. Eine knappe halbe Stunde steigt man weiter durch den Wald ab, dann hat man wieder das **Tannefrit-Kreuz** 02 erreicht und kehrt auf der Anstiegsroute zum **Perlungerhof** 01 zurück.

Abstiegsvariante

Vom Königsanger geht man nach Südosten, in Richtung der Dolomiten, auf ein kleines grasiges Plateau wenige Meter unterhalb des Gipfels und folgt mit roten Punkten markierten Steinen und Steinmännchen über einen grasigen Rücken bergab. Nach 20 Min. biegt man beim Wegweiser „Radlseehütte" links ab und quert leicht ansteigend die Hänge des Königsangers zum Radlsee und zur Hütte (0:45 Std., 70 Höhenmeter zusätzlicher Anstieg).

Schöne Lage: die Radlseehütte

WEINANBAU IN SÜDTIROL

Vom Messwein zum edlen Tropfen

Früher war der Wein in Südtirol nicht sehr gängig und eher sauer, daher wurde Wein hauptsächlich in der Kirche getrunken (Messwein halt).

Aber dann kamen findige Winzer, die verstanden, dass man aus den steilen Hängen und der Sonne etwas Besseres machen kann. Heute? Prämierte Weine, die in aller Welt gelobt werden. Und der Messwein? Wird wahrscheinlich immer noch getrunken, aber jetzt heimlich, um Geld zu sparen.

Falls du kein Sparfuchs bist und die Südtiroler Wein-Experience zur Gänze genießen möchtest, dann empfehlen wir einen Besuch bei der Südtiroler Weinstraße. Dort kannst du, gekoppelt mit einer wunderschönen Kulisse, verschiedenste Weinsorten verkosten.

Hier ein paar typische in Südtirol bekannte „guate Tropfen“: Vernatsch, Lagrein, Gewürztraminer, Pinot Grigio und Weißburgunder.

Wer in Südtirol wandert, sollte unbedingt eine Weinprobe machen. Aber Achtung: Nicht, dass ihr am Ende den Wanderweg doppelt seht und den falschen betretet!

In der Friah a weisser geat ollm.

OPA WALTERS GENUSSTIPPS:

- Weißwein ist optimal, um in den Tag zu starten: „In der Friah a weisser geat ollm."
- Trink nicht zu viel Rotwein, ansonsten bekommst du einen roten Schädel.
- Besuche ein Weingut oder mache eine Kellereiführung nach Belieben.
- Der beste Ort an der Südtiroler Weinstraße: Kaltern
- Halte deine Geldtasche bereit und halte, falls nötig, vor deiner Weintour eine Absprache mit deinem Vermögensberater.

ZUM VIDEO

19

Bozner Burgenweg

Zeitreise ins Mittelalter

16,25 km
05:45 h
540 hm
1420 hm

START | Bergstation der Seilbahn Jenesien, Bushaltestelle Jenesien Oberdorf, 1130 m, mit Bus 156 vom Bahnhof Bozen zu erreichen. Die Seilbahn Bozen – Jenesien ist wegen Neubau bis ca. 2026 geschlossen.
CHARAKTER | Größtenteils kleine Fahrstraßen und breite Wege, im Bereich von Ruine Helfenberg und Neuhaus allerdings schmale Steige, Trittsicherheit erforderlich. Die gesamte Tour ist nur für größere, ausdauernde Kinder geeignet. Die Route ist mit dem Piktogramm des Burgenwegs markiert.

Der Bozner Burgenweg verbindet fünf Burgen über Bozen und dem Etschtal – jede mit einer spannenden Geschichte und großartigen Ausblicken. Der Weg ist nicht nur eine Reise in die Vergangenheit, sondern auch eine Entdeckungstour durch ein Mosaik an Südtiroler Landschaftsbildern. Höfe klammern sich an steile Hänge. Weinberge und Obstfelder säumen den Weg, die berühmte Silhouette von Rosengarten und Latemar schneidet in den Himmel. Traditionsreiche Wirtshäuser laden zu einem Viertel Wein aus der Region und Südtiroler Köstlichkeiten ein. Am schönsten ist die Wanderung im Frühjahr und Herbst.

Start

Von Bozen aus startet die Wanderung an der Talstation der Seilbahn Jenesien, die bis voraussichtlich 2025 neu gebaut wird. Rechts neben dem Seilbahn-Gebäude führt das Teersträßchen Rafensteiner Weg steil zur gleichnamigen Ruine hinauf (1.10 Std.). Angenehmer ist es, mit dem Bus (nach Wiedereröffnung auch mit der Seilbahn) nach Jenesien hinaufzufahren und zur Ruine Rafenstein abzusteigen. Von der Bushaltestelle Oberdorf in **Jenesien** 01 biegt man vor einem Parkplatz in die schmale Straße Klapf ein und folgt ihr an einem wunderbaren Panoramaplatz vorbei ins Dorfzentrum. Man geht links an der Kirche vorbei und zweigt nach dem Gasthof Zum Hirschen links auf einen Fußweg ab, der in die Dorfstraße mündet. Vor einem größeren Parkplatz biegt man links in einen Feldweg ein und wandert über die Wiesen zum Waldrand. Nun steigt man geradeaus über die bewaldeten Hänge, teils etwas steil und holprig, bergab. Bei einer Verzweigung hält man sich links, kreuzt eine Straße und kommt schließlich zur **Ruine Rafenstein** 02, den Mauern einer einst stattlichen Festung, die über dem Eingang des Sarntals wachte. Nun folgt man geradeaus einem

01 Jenesien Bushaltestelle Oberdorf, 1130 m; 02 Ruine Rafenstein, 675 m; 03 St. Georgen; 04 Bushaltestelle Jenesier Straße, 604 m; 05 Gasthof Messner/ Glaning, 764 m; 06 Gasthaus Noafer, 781 m; 07 Moar in Rumsein, 916 m; 08 Ruine Helfenberg, 824 m; 09 Montiggl, 618 m; 10 Ruine Neuhaus, 382 m; 11 Terlan Bahnhof, 248 m

Der Burgenweg führt an alten Höfen vorbei, hier bei St. Georgen

schmalen Fahrweg Richtung „St. Georgen", der auf einer Höhe durch Weinberge führt und in eine Straßenkehre mündet (Mark 1a). Dort hält man sich links bergab und geht in einer weiteren Kehre geradeaus und am Schleiferhof vorbei. Etwas ansteigend passiert man die Höfe von **St. Georgen** **03** – links thront auf einem Hügel das gleichnamige Kirchlein – und folgt anschließend einer nach Jenesien ausgeschilderten Straße nach rechts (Mark. 1). Nach einem Anstieg von 10 Min. zweigt links ein breiter Kiesweg ab, der ziemlich steil ins Tal des Fagerbachs hinableitet (Mark. 5a). Aus dem Bachtal geht man zur Jenesier Straße mit einer **Bushaltestelle** **04** hinauf. Von hier könnte man nach Jenesien oder nach Bozen zurückkehren. Auf der anderen Straßenseite führt ein Fußweg zur Glaninger Straße hinauf, in die man links einbiegt (Mark. 5). Teilweise verläuft ein Wanderweg parallel zur Straße. Nach zwei Straßenkehren folgt man einem breiten Weg am Wernerhof vorbei zum **Gasthof Messner** **05** in Glaning, wo es sich gemütlich einkehren lässt (Montag und Dienstag Ruhetag, Juli und August geschlossen). Ein Fußweg leitet wieder zur wenig befahrenen Fahrstraße hinauf, die über bewaldete Hänge zur nächsten Einkehrmöglichkeit führt (Mark. 9). Nach 20 Min. zweigt die Zufahrt zum **Gasthaus Noafer** **06** ab. Dort werden Produkte aus eigenem Anbau zubereitet

Zeugnis vergangener Zeiten: Ruine Rafenstein

Tiefblick ins Etschtal von der Ruine Helfenberg

(geöffnet September bis Mitte Juni, Dienstag Ruhetag). In einem Abstecher von 30 Min. (hin und zurück) ist die Ruine Greifenstein zu erreichen. Für das Betreten der Ruine sind Trittsicherheit und etwas Kraxelei erforderlich.

Der Burgenweg verläuft weiter über das schmale Sträßchen. Bei einem Hof kann man ihr einige Zeit auf einem Forstweg ausweichen. Schließlich kommt man zu einem abgelegenen Wiesenplateau mit den Höfen von Rumsein und

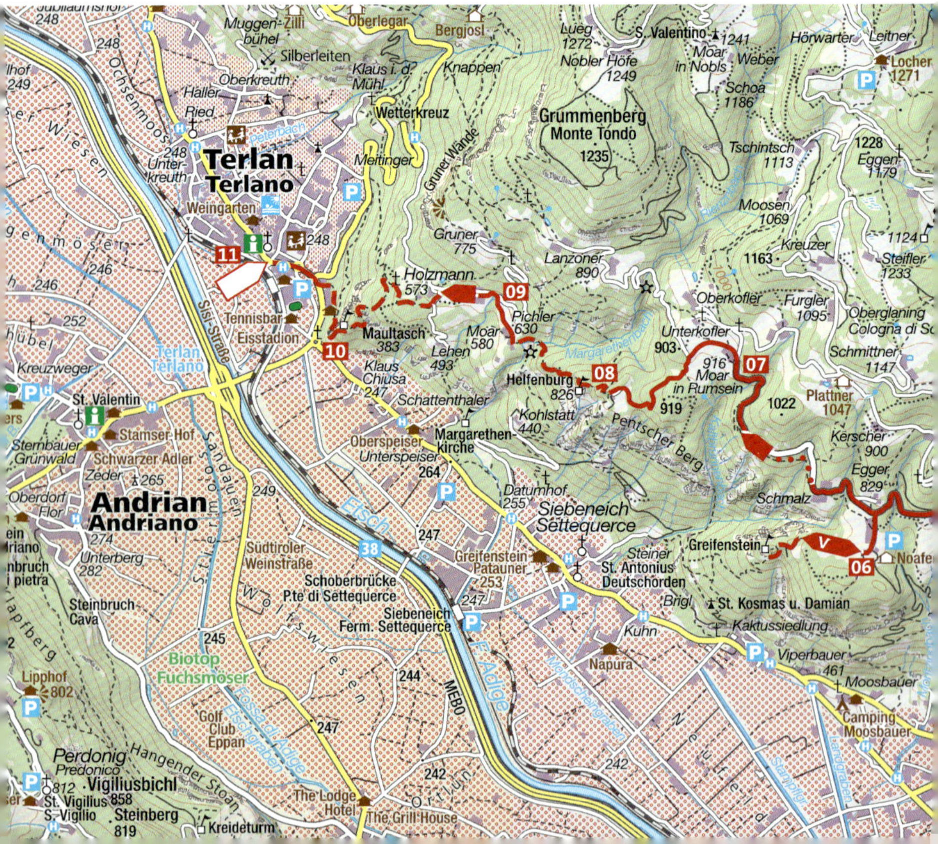

Abstecher zur Bilderburg

Schloss Runkelstein ist die bekannteste Anlage des Bozner Burgenwegs. Die Gebrüder Vintel, wohlhabende Bozner Kaufleute, erwarben sie 1385 und schufen dort den größten profanen Freskenzyklus des Mittelalters. Das gut erhaltene Schloss am Eingang des Sarntals ist von der Talstation der Jenesier Seilbahn in 15 Min. zu erreichen (geöffnet 10–18 Uhr, montags geschlossen, Tel. +39 / 0471 / 32 98 08, www.runkelstein.info)

biegt beim **Moarhof** **07** links ab. Vor einigen bewaldeten Hügeln hält man sich erneut links und gelangt auf das Gelände des Rentschhofs mit schönem Blick ins Etschtal. Noch vor dem Gehöft zweigt rechts ein Waldpfad Richtung „Helfenberg“ ab. Kurz darauf geht man wiederum rechts über eine bewaldete Anhöhe und oberhalb eines tief eingeschnittenen Bachtals einige Meter bergab. Links leitet ein kurzer Anstieg über steil abfallendes Gelände – der Steig ist mit Drahtseilen gesichert – zum Burghügel mit der Ruine **Helfenberg** **08** hinauf. Viel ist von der ehemaligen Anlage nicht mehr zu sehen. Ihre Besonderheit ist der abgelegene Standort 560 Meter hoch über dem Etschtal. Sie ist damit die am höchsten über der Talsohle gelegene Burg Südtirols.

Man kehrt zur Weggabelung unterhalb des Burgfelsens zurück und wandert links über steile Waldhänge in das Tal des Margarethenbachs ab. Auf der anderen Talseite geht es in wenigen Minuten zu den Höfen von **Montiggl** **09** hinauf. Hat man zwei Höfe passiert, steigt man links kurz auf einem Pfad zu einem Fahrweg ab und folgt diesem durch eine Kehre abwärts (Wegweiser „Terlan, Neuhaus“). Ein alter Maultierweg führt rechts durch Weinberge und Laubwald weiter bergab. Der Abstiegsweg zur Ruine Neuhaus zweigt schließlich scharf links ab und leitet ziemlich steil über Waldhänge, bis man vor dem Burgtor der **Ruine Neuhaus** **10** (auch Maultasch) steht. Nach einem Erkundungsgang durch die mittelalterlichen Gemäuer steigt man auf dem alten Schlossweg zum Ortsrand von Terlan hinunter. Man folgt der Hauptstraße rechts in den Ort und geradeaus über einen Kreisverkehr. Noch vor der Terlaner Pfarrkirche überquert man links einen Platz und gelangt, an der Bibliothek vorbei, zum **Bahnhof Terlan** **11**. Dort fahren halbstündlich (sonntags stündlich) Züge zurück nach Bozen.

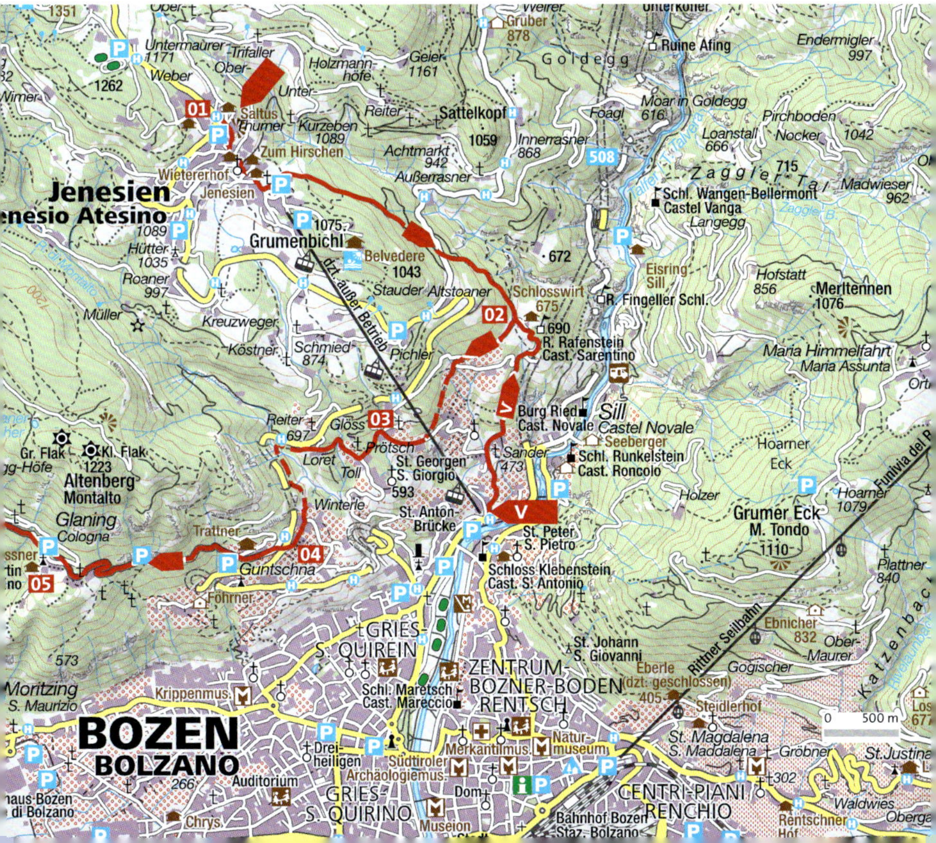

20 Über die Rittner Erdpyramiden nach Bad Siess

Gemütlicher Gasthof mit Panoramablick

9,5 km
03:15 h
340 hm
340 hm

START | Lengmoos, 1150 m, auf dem Ritten, Parkplatz bei der Kirche am nördlichen Ortsende. Bus 165 von Bozen über Klobenstein und Lengmoos zur Haltestelle „Erdpyramiden".
CHARAKTER | Leichte, abwechslungsreiche Wanderung auf meist bequemen Wanderwegen.

Viel gibt es auf dieser Wanderung zu entdecken: die bizarren Formen der Erdpyramiden, eine Wallfahrtskirche mit herrlichem Dolomitenblick und ein traditionsreiches Bauernbad, dessen Heilquelle vor allem bei Rheumatismus helfen sollte. Der leicht süßliche Geschmack des Wassers hat ihm wohl zu seinem Namen verholfen. Heute ist Bad Siess ein schön gelegener Gasthof, der richtige Ort, um die Seele baumeln zu lassen.

Start

Von **Lengmoos** 01 führt die Wanderung zunächst auf der Hauptstraße nach Norden, am Sporthotel Spögler vorbei, bis nach 10 Min. kurz nach dem **Café Erdpyramiden** 02 rechts ein breiter Fußweg beginnt (Wegweiser „Erdpyramiden, Maria Saal", Mark. 24). Bereits nach wenigen Minuten öffnen sich Blicke auf die eigenartigen Gebilde aus Lehm. Decksteine schützen die Erdpyramiden vor Erosion. Man quert den Finsterbach, steigt jenseits hinauf zur Fahrstraße und wandert rechts zu Gasthaus und Wallfahrtskirche **Maria Saal** 03 (Freitag Ruhetag). Vom Asphaltsträßchen, das beim Gasthof bergauf führt, zweigt links ein Wiesenweg ab, der mit Nr. 8 bezeichnet ist. Wieder auf Asphalt wandert man links zum Oberpichlerhof und weiter zu einer Gabelung mit Wegweisern.

Man verlässt die Mark. 8 Richtung „Bad Siess" und hält sich links, nach wenigen Metern jedoch gleich wieder rechts, bis Mark. 33 links abzweigt. Ihr folgt man zunächst geradeaus, steigt dann aber mit Mark. 24a rechts bergauf. An einem Bächlein entlang gelangt man zu einer Straße, folgt ihr Richtung Finkhof und zweigt, bevor man wieder in den Wald kommt, rechts über eine Brücke ab. Mark. 24 leitet durch ein Waldstück und über Wiesen, zuletzt ziemlich steil, zum Gasthaus **Bad Siess** 04 hinauf (Montag Ruhetag). Nach der Einkehr geht man westlich auf einen breiten Waldweg, der einen leicht ansteigend zum Hotel Tann bringt (Mark. 8). Beim Hotel trifft man auf die Straße nach Pemmern, folgt ihr nach links und verlässt sie

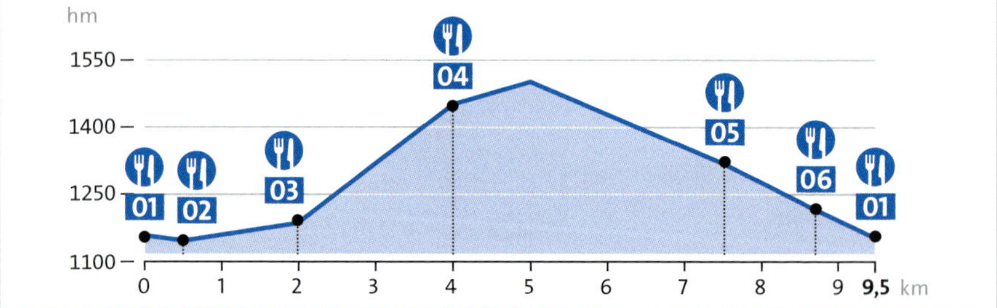

01 Lengmoos, 1150 m; 02 Café Erdpyramiden, 1143 m; 03 Maria Saal, 1180 m; 04 Bad Siess, 1434 m; 05 Kematen, 1322 m; 06 Klobenstein, 1210 m

Rittner Erdpyramiden

nach 250 m wieder rechts auf einem Schotterweg Richtung „Klobenstein, Kematen" (Mark. 1). Vor einer Wiese zeigen die Wegweiser nach halblinks. Durch Kiefernwald geht es bergab, vorbei an einem links abbiegenden Weg. Kurz darauf verzweigt sich der Steig erneut. Links führt Weg Nr. 1 direkt nach Klobenstein. Rechts lohnt sich der kleine Umweg am Kemater Weiher vorbei (besonders schön zur Seerosenblüte im Sommer) zum ehemaligen Gutshof **Kematen** 05 (Mark. 28). Der Ansitz mit Herrenhaus und Kirche, vor rund 750 Jahren erbaut, ist heute ein schön gelegenes Hotel und Restaurant. Für den Weiterweg orientiert man sich dort am Schild „Erdpyramiden, Maria Saal" und folgt Mark. 29 über den Parkplatz und in den Wald. Vor einem Zaun wendet sich der Pfad nach rechts und führt zu einer Weide, an deren unteren Ende man wieder auf die Mark. 1 trifft. Beim Haus Feichter stößt man kurz darauf auf eine Schotterstraße, geht an einigen Häusern vorbei und über Stufen hinunter auf eine Wiese, die man geradeaus überquert. Man folgt links einem Waldweg und geht, sobald man auf die Straße trifft, rechts auf den Fußweg nach **Klobenstein** 06. Im Ort hält man sich bei einem Kreisverkehr links, zweigt bei der Rittner Stube links auf einen Wanderweg nach **Lengmoos** 01 ab und gelangt in 15 Min. zum Ausgangspunkt zurück (Mark. 35a).

21 Bozner Promenaden

Über den Dächern von Bozen

START | Gries, 268 m, ehemaliger Kurort, heute Stadtteil von Bozen. Am besten parkt man in einem der Parkhäuser im Zentrum und fährt mit dem Stadtbus nach Gries.
CHARAKTER | Leichte Wanderung mit kurzen An- und Abstiegen, im Sommer heiß.

5,75 km
02:30 h
290 hm
290 hm

Die Spazierwege hoch über Bozen haben Tradition. Bereits Ende des 19. Jahrhunderts genossen dort Bozner Bürger und Kurgäste aus dem bekannten Kurort Gries mediterranes Flair und herrliche Aussichtspunkte. Wärmespeichernder Porphyrfels sorgt für eine ungewöhnliche Pflanzenvielfalt. Die Wege säumen PFlanzen wie Palmen, Agaven, Feigenkakteen und Zypressen. Einen würdigen Abschluss findet diese Genusswanderung im Weindorf St. Magdalena. Dort wird aus der Vernatschtraube der bekannte „St. Magdalener“ gekeltert.

In **Gries** 01 geht man vom Grieser Platz mit der Bushaltestelle nördlich in die Knoller-Straße und rechts an der Alten Grieser Pfarrkirche vorbei. Links gelangt man zum Beginn der **Guntschnapromenade** 02, die sich in weiten Kehren den steilen Hang hinaufwindet. Durch mediterrane Vegetation spaziert man über die südseitigen Hänge und blickt hinunter auf Bozen. Dahinter ragt die Felsburg des Rosengartens in den Himmel. Man kreuzt einen steilen Pflasterweg und bleibt auf der sanft ansteigenden Promenade, die mal durch Weinberge, mal durch Schatten spendendes Buschwerk leitet. Schließlich quert man die Straße nach Jenesien und gelangt über einige Stufen zu einem schmalen Asphaltsträßchen hinauf, dem man rechts bergab folgt (Mark. 5). Wieder trifft man auf die Jenesier Straße und geht vor einem Tunnel auf einem Fußweg unter ihr hindurch. In bequemen Kehren steigt man in die Schlucht des Fagenbachs und zu einem eindrucksvollen Wasserfall ab. Nun kann man der Jenesier Straße nicht mehr ausweichen und folgt ihr bergab, vorbei an einigen alten Villen und dem Gscheibten Turm, der einst zu einer Burganlage gehörte. Über eine Brücke geht man links in den Rafensteiner Weg und zweigt nach 5 Min. bei einem Weinberg rechts ab. Kurz darauf überquert man die Sarntaler Straße und die St.-Anton-Brücke. Nun hat man die Wahl: Über die Wassermauer entlang der Taufer gelangt man zurück ins Bozner Zentrum. Auf der bergaufführenden Straße geht es zur **Oswaldpromenade** 03, die mehr genüssliches Promenieren verspricht. Sie zweigt nach wenigen Minuten links ab und beginnt ebenfalls mit

Start

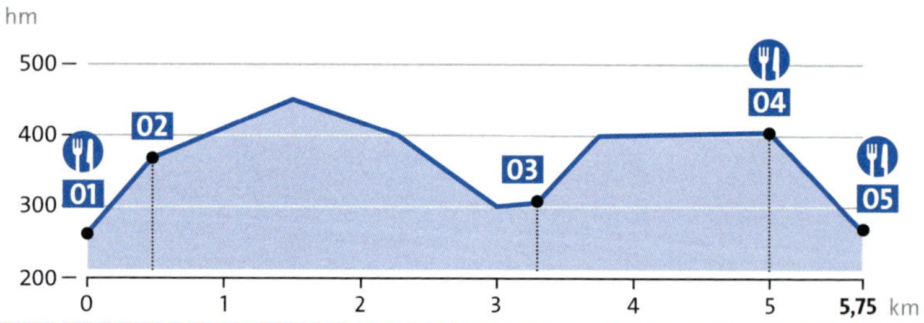

01 Gries, 268 m; 02 Guntschnapromenade, 380 m; 03 Oswaldpromenade, 305 m; 04 Hotel Eberle, 405 m; 05 Bozen, 270 m

Die Oswaldpromenade endet im Weindorf St. Magdalena

Gscheibter Turm über Bozen

einem Serpentinenreigen. Schließlich spaziert man auf einer Höhe zu den „Schwarzen Mandern“, markanten Porphyrfelsen. Rechts führt kurz darauf ein Weg nach Bozen hinunter. Wandert man geradeaus weiter, kommt man zum aussichtsreich über den Weinbergen von St. Magdalena gelegenen **Hotel Eberle** 04, folgt dort der Zufahrtsstraße bergab und geht rechts (links zum Buschenschank Steidlerhof, im Frühjahr und Herbst geöffnet, Tel. 00 39/0471/97 31 96) in den kleinen Ortskern von St. Magdalena. Dort hält man sich erneut rechts und wandert auf einem steilen Sträßchen, vorbei an Weinbauern-Höfen, die ihren Tropfen verkaufen, hinunter nach **Bozen** 05. Mit dem Stadtbus oder zu Fuß kehrt man ins Zentrum zurück (zum Waltherplatz ca. 20 Min.).

Rund um den Kalterer See

22

Noch mehr Badeseen am Kalterer See: Zu den Montiggler Seen

Blütenzauber und Badevergnügen

13,75 km
04:30 h
370 hm
370 hm

START | Kalterer See, 214 m, großer Parkplatz. Bus 131 von Bozen nach Kaltern, weiter mit Bus 138 zum Kalterer See.
CHARAKTER | Tour ohne Schwierigkeiten auf viel begangenen Wanderwegen und Forststraßen.

Das Frühlingstal im Norden des Kalterer Sees hat seinen Namen zu Recht. Es ist klimatisch begünstigt, sodass das Frühjahr dort sehr zeitig einzieht und den Waldboden in einen farbenfrohen Blütenteppich verwandelt. Bereits Ende Februar blühen dort weiße Frühlingsknotenblumen, violette Leberblümchen und gelbe Primeln. Die Montiggler Seen, idyllisch in Waldhügel eingebettet, sind ein beliebtes Ausflugsziel. Im Sommer herrscht am Ufer oft fröhliche Volksfeststimmung. Am Großen Montiggler See kommen Wasserratten im Schwimmbad Lido Montiggl auf ihre Kosten. Dort gibt es ein beheiztes Schwimmbecken, die längste Wasserrutsche Südtirols, eine Liegewiese und ein Restaurant. Aber auch am Rundweg um die Seen laden immer wieder Plätze zu einem erfrischenden Sprung ins Seewasser ein.

Start

▶ Vom Parkplatz am **Kalterer See** 01 geht man zum Lido am Seeufer mit Restaurants, Seeterrasse und Strandbad und hält sich dort links. Bei der Pizzeria Geier folgt man dem Seerundweg, der auf der Nordseite des Sees durch Obstfelder führt. An der Nordostecke des Sees verlässt man ihn nach links Richtung „Frühlingstal" und steigt kurz darauf rechts zu einer Straße hinauf (Mark. 20). Dort hält man sich an die Schilder „Auer, Pfatten" und geht rechts bergauf, bis nach gut 100 Metern links ein Forstweg beginnt (hier an der Straße beschränkte Parkmöglichkeit). Auf ihm quert man etwas ansteigend die Waldhänge über den Weinbergen von Kaltern. Nach einer knappen halben Stunde auf der Forststraße folgt man dem Wegweiser „Montiggler Seen" nach rechts und wandert ins **Frühlingstal** 02 hinein. Urwüchsiger Mischwald säumt einen kleinen Bachlauf. Innerhalb kurzer Zeit scheint jede Zivilisation weit entfernt zu sein. Der Wanderweg kreuzt eine Asphaltstraße und mündet im oberen Teil des Tals erneut in einen Forstweg, in den man rechts einbiegt. Bei einer Verzweigung geht man links durch den Zaun und spaziert in der Nähe der Ortschaft Montiggl am bewaldeten Jobenbühel entlang. Einer Straße folgt man nach rechts und zweigt nach einer Schranke auf den Fußweg zum Montiggler See ab. Bei einer Wegteilung kurz vor dem Seeufer hält man sich rechts (links zu den

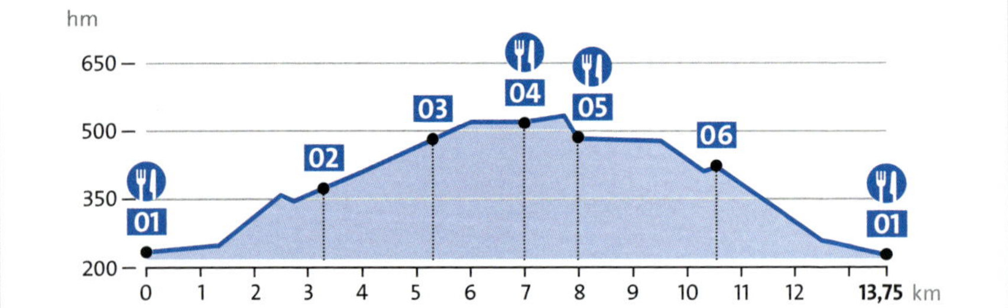

01 Kalterer See, 214 m; 02 Frühlingstal, 371 m; 03 Großer Montiggler See, 489 m; 04 Jausenstation Kleiner Montiggler See, 519 m; 05 Lido Montiggl, 489 m; 06 Fuschgaleital, 457 m

Idyllisches Gewässer: der Kleine Montiggler See

Restaurants und dem Strandbad) und wandert auf dem Seerundweg am Ostufer des **Großen Montiggler Sees** 03 entlang. Vor einem großen, glatt geschliffenen Felsen mit schöner Aussicht über den See zweigt der Verbindungsweg zum Kleinen Montiggler See ab, den man entgegen des Uhrzeigersinns umrundet. An seinem Westufer kommt man zur **Jausenstation Kleiner Montiggler See** 04 mit Liegewiese und Seezugang. Die asphaltierte Zufahrtsstraße führt zum Großen Montiggler See zurück. Dort biegt man bei einem Aussichtsplatz mit Blick über den See auf einen Fußweg ab und folgt ihm am Schwimmbad **Lido Montiggl** 05 und dem Hotel Sparer vorbei zum Parkplatz. Bei einer Bushaltestelle setzt sich der Seerundweg fort und durchquert auf einem Holzsteg die Schilfzone am Südwestufer. Man trifft wieder auf die Anstiegsroute und geht auf ihr zurück, bis man auf halbem Weg durch das Frühlingstal die Asphaltstraße schneidet. Für einen alternativen Abstiegsweg steigt man auf ihr links kurz bergauf und folgt dann der linken der beiden abzweigenden Forstwege durch das waldige **Fuschgaleital** 06 abwärts (Mark. 19). Ein steiler Wanderweg führt schließlich zur oberhalb des Kalterer Sees verlaufenden Straße hinunter. Auf bekanntem Weg kehrt man zum Parkplatz beim **Kalterer See** 01 zurück.

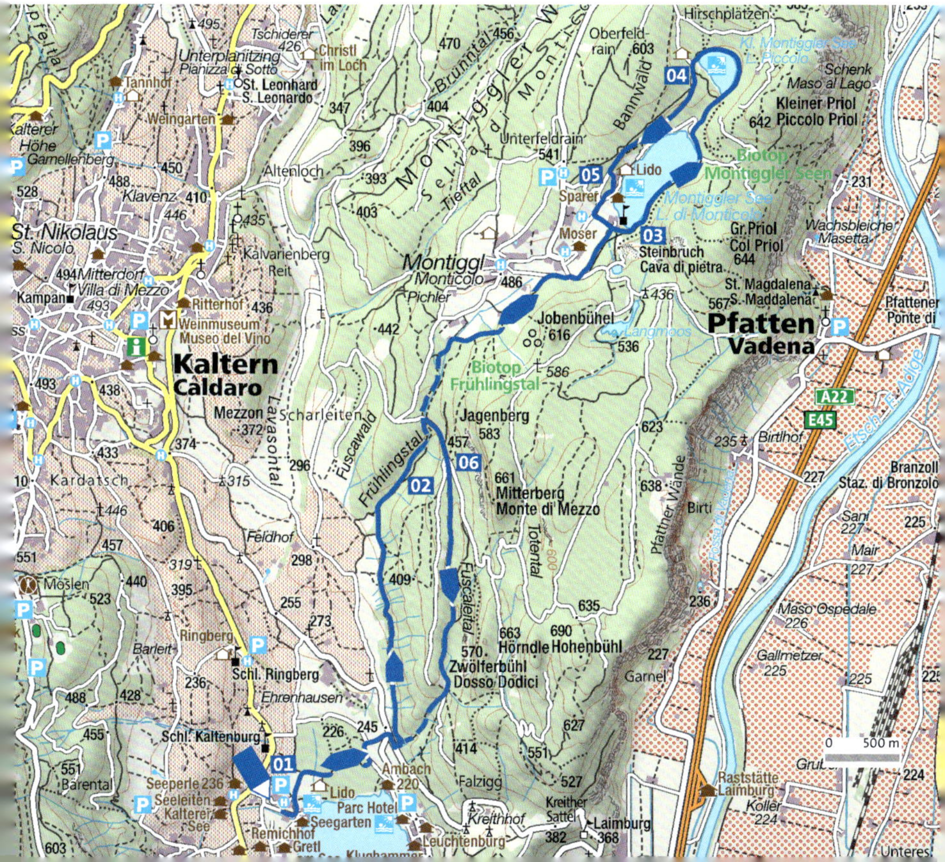

23

Rund um den Kalterer See

Die Perle der Südtiroler Weinstraße

START | Großparkplätze am Kalterer See (beim Lido, 214 m), erreichbar über die Straße Kaltern – Tramin
CHARAKTER | Beliebter Talspaziergang ohne spürbare Höhendifferenzen. Gepflegte Wanderwege, phasenweise auch Asphalt.

7,5 km
02:00 h
50 hm
50 hm

Der Kalterer See ist zweifellos ein Aushängeschild ganz Südtirols, fungiert er doch nicht nur als Touristenmagnet ersten Ranges, sondern auch als Markenname für die bedeutendste Weinbauregion des Landes. Eine Umrundung des 147 Hektar großen Gewässers ist quasi eine Standardtour für alle Urlauber der Region. Wanderer werden dafür kaum länger als zwei Stunden brauchen, gemächliche Spaziergänger vielleicht auch drei. Während am Lido der Massentourismus eine Heimstatt findet, passiert man im Süden des Sees eine Auenlandschaft, die als Biotop unter Naturschutz steht. 14 Lehrtafeln säumen im Übrigen den Seenrundweg und vermitteln viel Hintergrundwissen über naturkundliche Themen wie Fauna, Flora und Geologie.

Man kann die Rundtour an verschiedenen Stellen aufnehmen, beschrieben wird nachfolgend ab den Großparkplätzen am **Lido** 01 gegen den Uhrzeigersinn. Dazu folgen wir der Beschilderung „Seerundweg“ (Nr. 2) an mehreren Hotels, Kiosken etc. vorbei und steuern das Kirchlein **St. Josef** 02 an. Dann parallel zur Straße – erst rechts davon, später in die Obstplantagen auf der linken Seite wechselnd – bis **P. 217** 03 ganz im Süden, wo man sich scharf nach links wendet.

Wir folgen nun einer Nebenstraße und begehen im weiteren Verlauf ab und an die Bohlenwege durch das erwähnte Biotop mit seinen Sümpfen. Nach der Südtraverse kommt man bei P. 215 auf die Straße nach Klughammer und zum Standpunkt der **Lehrtafel Nr. 1** 04. Unweit der kaum befahrenen Straße nutzen wir den angenehmen Waldweg mit zeitweilig schönen Seeblicken und wandern Richtung **Klughammer** 05. Dort an diversen Hotels vorbei und links hinunter in die Reitwiesen nördlich des Sees.

Durch Obstplantagen schließt sich der Kreis zum Komplex am **Lido** 01.

Start

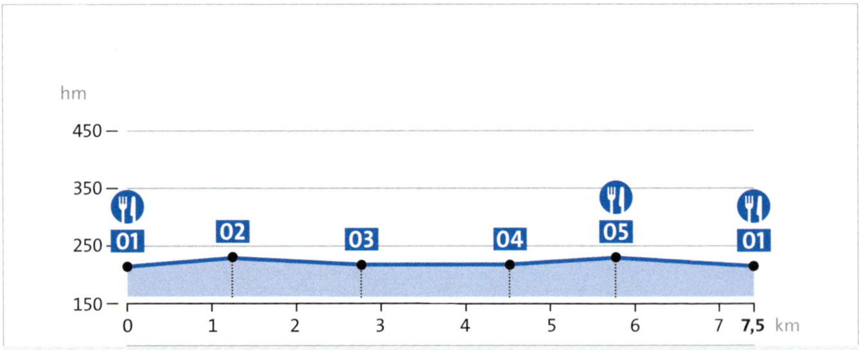

01 Lido, 214 m; 02 St. Josef, 228 m; 03 „Südeck“, 217 m; 04 „Tafel 1“, 215 m; 05 Klughammer, 225 m

Der Kalterer See, Anziehungspunkt an der Weinstraße

Rund um den Kalterer See ist ein Lehrweg eingerichtet

24

Rastenbachklamm

Spannender Schluchtsteig über dem Kalterer See

6,5 km
02:45 h
430 hm
430 hm

START | Kalterer See, 214 m, großer Parkplatz. Bus 131 von Bozen nach Kaltern, weiter mit Bus 138 zum Kalterer See.
CHARAKTER | Die Rastenbachklamm ist mit Stegen und teils steilen Treppen erschlossen, sie sind mit Geländern gesichert, können bei Nässe aber rutschig sein; sonst gute Wanderwege, Trittsicherheit von Vorteil.

Die felsige Rastenbachklamm bietet ein Kontrastprogramm zur lieblichen, von Weinreben überzogenen Landschaft rund um den Kalterer See. Wasserfälle stürzen über Felsstufen, moosbewachsenes Gestein rahmt das Bachtal ein. Eine dschungelartige Vegetation hat sich dort angesiedelt. Kühle Schattenplätze und ein erfrischendes Fußbad sind an warmen Sommertagen eine Wohltat. Die Klamm ist nicht allzu lang, doch der Weg durch die Schlucht sorgt mit seinen Treppen und Brücken für ein kurzweiliges Erlebnis.

Start

Vom Parkplatz am **Kalterer See** 01 geht man auf der Zufahrtsstraße zurück, bis links ein Fußweg entlang des kanalisierten Rastenbachs zur Hauptstraße führt. Die viel befahrene Straße wird an einem Zebrastreifen gequert. Anschließend gelangt man links zum Sonnleitenhof und biegt dort rechts auf ein Asphaltsträßchen ab. Durch Weinberge wandert man bergauf, folgt der Straße durch eine Rechtskurve und steigt an einer Abzweigung vorbei geradeaus weiter an. Bei einem Parkplatz beginnt links ein Waldweg, der kurz darauf in einen Anstieg aus Kaltern mündet. Auch hier hält man sich links und wandert in Kehren steiler bergauf. Stufen führen zu einer Verzweigung hinauf, an der es links über eine kurze felsige Passage in die **Rastenbachklamm** 02 geht. Nach kurzem Abstieg zweigt links ein Abstecher zu einem Wasserfall ab, der über eine 30 Meter hohe Felsstufe stürzt. Anschließend wird eine Felswand mithilfe einer Reihe von Metallstiegen erklommen. Dort bietet sich ein schöner Ausblick auf den Kalterer See. Auch im weiteren Verlauf ist der Weg durch die Schlucht mit Stegen und Treppen ausgebaut. Man lässt eine Abzweigung nach St. Peter links liegen, passiert noch einmal eine felsige Engstelle, durch die sich der Bach zwängt, und verlässt dann das Bachtal über den bewaldeten Hang. Bei einem Aussichtspunkt geht man rechts zur Straße nach Altenburg hinauf, überquert sie bei einem Parkplatz und folgt für wenige Meter einem ansteigenden Weg. Man biegt rechts ab und kommt zu einem bequemen Wanderweg, auf dem man links das Tal des Altenburger Bachs ausgeht und nach Altenburg gelangt (Mark. 11). Beim Gasthaus Sonnegghof (Montag Ruhetag) kreuzt man die Hauptstraße und erreicht nach kurzem Anstieg die **Kirche von Altenburg** 03. Dort

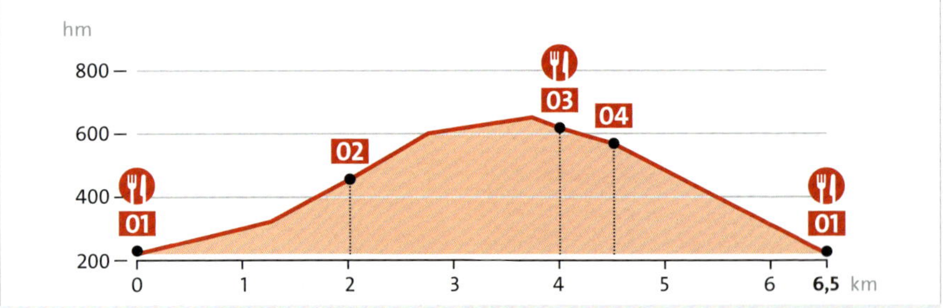

01 Kalterer See, 214 m; 02 Rastenbachklamm, 443 m; 03 Altenburg Kirche, 614 m; 04 Ruine St. Peter, 580 m

Von der Rastenbachklamm öffnet sich der Blick auf den Kalterer See

beginnt der Friedensweg, der zu einem schönen Panoramaplatz mit Bänken führt. Anschließend wandert man über Felsplatten abwärts, überquert eine Hängebrücke – dort sind noch die Reste der mittelalterlichen Steinbrücke zu sehen – und kommt zur **Ruine St. Peter** **04**, die als eine der ältesten Kirchen Südtirols gilt. Ihr Ursprung reicht bis ins 6. Jh. zurück. Von dem alten Gemäuer steigt man zu einer Verzweigung unterhalb der Hängebrücke hinab und hält sich dort links Richtung „Kalterer See über Nussertal". Über die Waldhänge des Kirchenhügels geht es etwas steiler zu einem breiteren Weg hinunter und auf ihm nach links zum Rastenbach. An seinem Ufer entlang kommt man wieder zu den Weinhöfen über dem Kalterer See und kehrt auf dem bekannten Anstiegsweg zum Parkplatz am **Kalterer See** **01** zurück.

Weinberge am Kalterer See

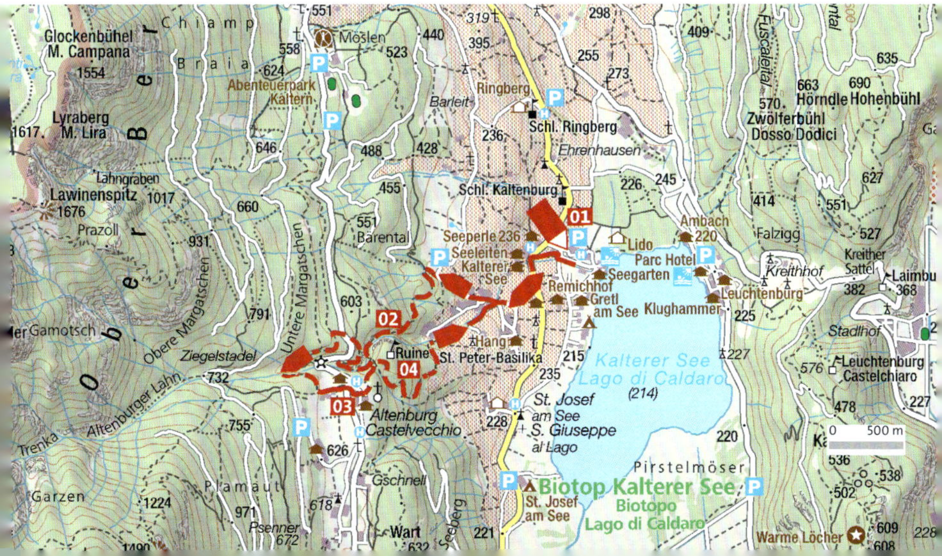

Der Süden

25

Überetscher Hütte • 1773 m

Angenehmer Höhenspaziergang für alle

START | Parkplatz beim Roèn-Sessellift, Zufahrt auf einer Stichstraße vom Mendelpass
CHARAKTER | Völlig leichte und wenig anstrengende Bergwanderung auf meist breiten, viel begangenen Wegen

11,25 km
03:00 h
200 hm
420 hm

Die Strecke zwischen Mendelpass und Überetscher Hütte ist wohl die meistbegangene am gesamten Mendelkamm, eine gemäßigte Höhenpromenade im Wechsel von schattigen Wäldern und lieblichen Lichtungen. Wer es besonders bequem mag, kann sogar noch einen Sessellift nutzen. Am Zielpunkt stehen wir unter den grimmigen Ostabbrüchen des Monte Roèn und schauen weit über das Etschtal bis in die Gruppe der Lagorai.

▶ Zunächst überwinden wir mit dem **Roèn-Sessellift** 01 gut 200 Höhenmeter bis in die Nähe der **Halbweghütte** 02, die kurz darauf passiert wird. Wir fädeln in den Hauptweg (Nr. 500) ein und wandern südwärts am Abzweig des Prazöllsteigs vorbei. In leichter Steigung über einzelne Lichtungen und mit etwas Auf und Ab um die Kuppe der Pra Marin herum zur **Malga di Romeno** (auch Malga Roèn) 03.

Das letzte Stück verläuft auf einem breiten Wirtschaftsweg am dicht bewaldeten Paterkopf vorbei zur **Überetscher Hütte** 04, wo man bei guter Verköstigung das Panorama der Etschtaler Berge genießen kann.

Für den Rückweg ist die gleiche Strecke vorgesehen. Falls wir es nicht eilig haben, können wir freilich auf den Lift verzichten und nordwärts bis zur **Enzianhütte** 05 wandern. Dort scharf links und in wenigen Minuten zurück zum **Parkplatz** 06. Alternativ bietet sich auch der Mendelpass als Ausgangspunkt an, insbesondere wenn der Lift nicht in Betrieb ist.

Start

Monte Roèn

Ohne Weiteres kann auch der Monte Roèn (2116 m) als Gipfelziel in die Tour einbezogen werden. Von der Überetscher Hütte gibt es einen gesicherten Steig.

Wesentlich leichter ist der Normalweg über die weitläufige Nordabdachung, der bei der Malga di Romeno abzweigt. Von dort benötigt man ca. 1 Std. bis zum höchsten Punkt (350 Höhenmeter zusätzlich).

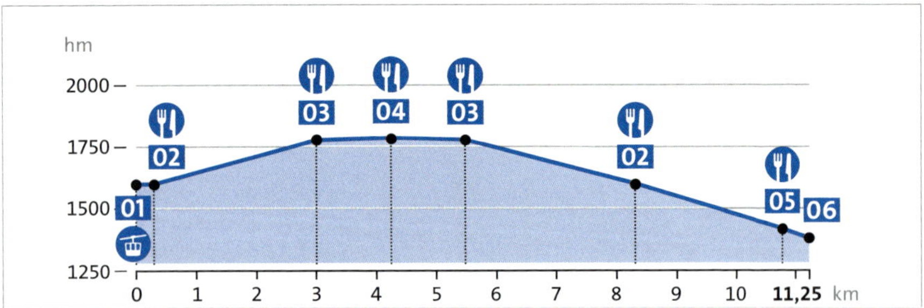

01 Liftstation, 1600 m; 02 Halbweghütte, 1600 m; 03 Malga di Romeno, 1768 m; 04 Überetscher Hütte, 1773 m; 05 Enzianhütte, 1409 m; 06 Halbweglift, 1376 m

Die Mendelbahn von Kaltern am See hoch zum Mendelpass

Die Überetscher Hütte am Fuße der schroffen Felsen des Monte Roèn

Herrlicher Ausblick vom Mendelkamm

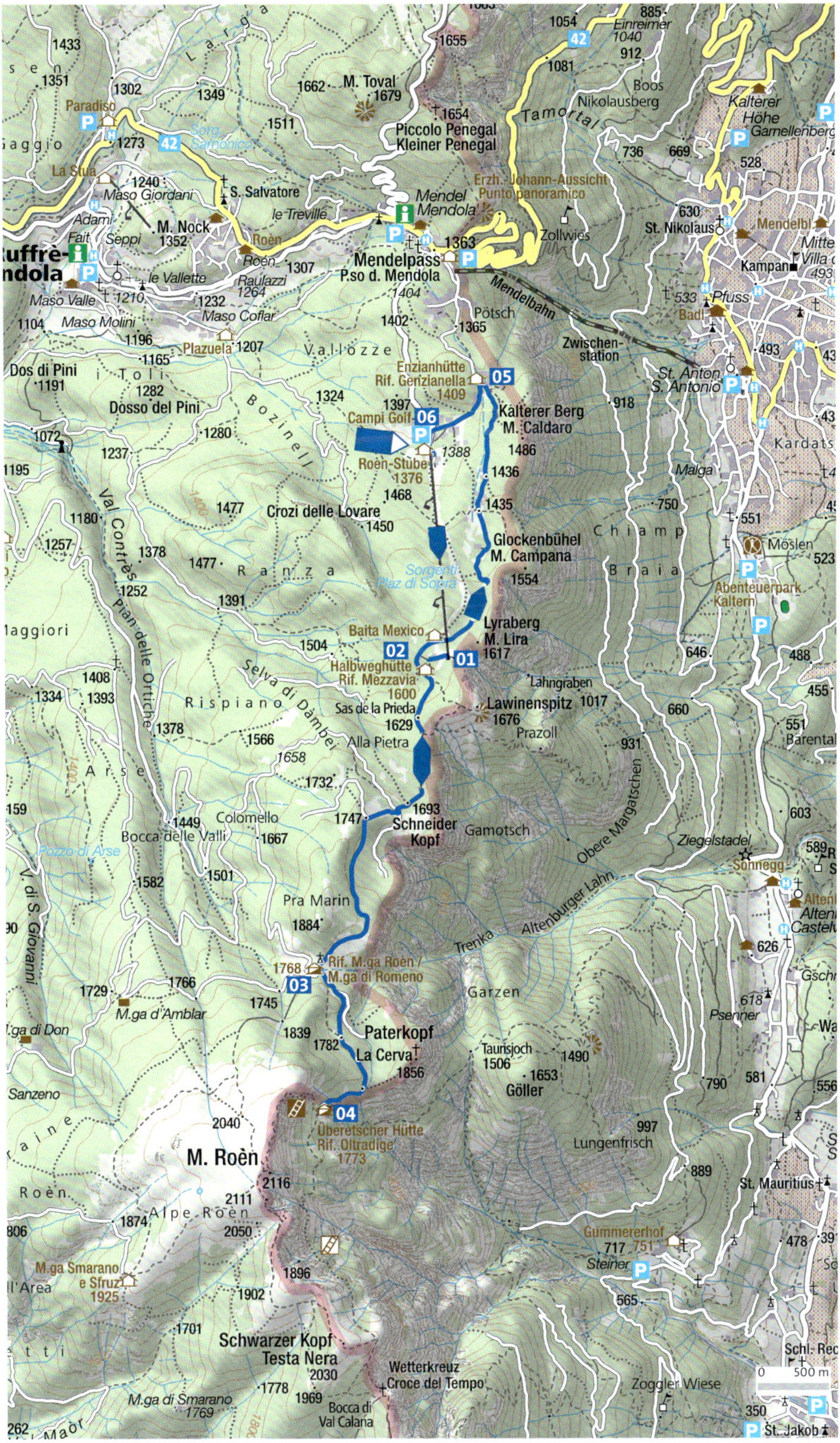
M. Toval
Piccolo Penegal
Kleiner Penegal
Mendelpass
P.so d. Mendola
Mendelbahn
Enzianhütte
Rif. Genzianella
Campi Golf
Roèn-Stube
Kalterer Berg
M. Caldaro
Crozi delle Lovare
Glockenbühel
M. Campana
Baita Mexico
Halbweghütte
Rif. Mezzavia
Lyraberg
M. Lira
Lawinenspitz
Schneider Kopf
Rif. M.ga Roèn /
M.ga di Romeno
Paterkopf
La Cerva
Überetscher Hütte
Rif. Oltradige
M. Roèn
Schwarzer Kopf
Testa Nera
Wetterkreuz
Croce del Tempo
St. Anton
S. Antonio
Kaltern
0 500 m

DER SÜDTIROLER SCHURZ

Ah Südtiroler ohne Schurz isch holbs nocket.

Der Südtiroler Bauernschurz ist mehr als nur ein Stück Stoff. Er ist Statussymbol, Multifunktionswerkzeug und diente früher sowie heute als ein Zeichen der Bäuerlichkeit unter den Menschen.

Früher trug ihn der Bauer, um seine Kleidung vor dem Unbehagen des Arbeitsalltags zu schützen und um sich die Hände abzuwischen (und alles andere auch).

Heute wird er in jeglichen Alltagssituationen getragen und auch dank der bunt verzierten Bauernsprüche als humorvolles und ironisches Accessoire verwendet.

Typische Sprüche, die man auf Südtiroler Schürzen findet:

„Ich bin der Chef, wenn die Frau nicht daheim ist.“

„Grias mi oder schleich di.“

„Drhoam isch, wo es Huarnviech isch.“

„Bin überarbeitet und unterbezahlt.“

OPA WALTERS SCHURZ-TIPPS:

- Ein Mensch mit Schurz wirkt automatisch sympathischer.
- Der Schurz eignet sich perfekt als Kleidungsschutz beim Kochen, Grillen, Abspülen, „Gartln“ und „Puckln“ (Arbeiten).
- Der Schurz ist wie ein massives Taschentuch und kann zur persönlichen Hygiene beitragen.
- Schürzen können als Aushängeschild für deine heutige Laune genutzt werden

ZUM VIDEO

26

Um Kurtatsch und Margreid

Kleine Lektion in Wein- und Obstanbau

START | Kurtatsch, Parkplatz bei der Ortseinfahrt nahe der Hauptstraße (319 m)
CHARAKTER | Sehr leichte Talwanderung, im ersten Teil quer durch die Weinberge, beim Rückweg durch ausgedehnte Apfelplantagen in der Talsohle. Nur ein kurzes Stück am Schluss (Millasteig) ist steiler.

9,25 km
03:00 h
300 hm
300 hm

Eine der schönsten Lagen im Südtiroler Unterland besitzt zweifelsohne Kurtatsch mit seinen Streuweilern, die sich über die terrassenartigen Hänge verteilen, sowie der Hintergrundkulisse des Mendelkamms. Hier wie auch um Margreid dreht sich fast alles um die süffigen Früchte. Mit Interesse erkunden wir also den Weinlehrweg, bringen dabei allerhand Wissenswertes in Erfahrung und dürfen sogar die Aromen der diversen Rebsorten „erschnüffeln". Zurück laufen wir durch die riesigen Obstplantagen im breiten Etschtal und erklimmen am Ende noch die Millastiege. Eine beschauliche Halbtagestour für Genießer!

Start

▶ In **Kurtatsch** 01 gehen wir nicht in den Ortskern, sondern halten uns linker Hand an die Straßen „Im Feld" und „Angela Nicoletti". Von Zweitgenannter zweigt rechts der gut bezeichnete **Weinlehrpfad** ab. Er führt etwas verschachtelt, aber immer gut kenntlich insgesamt leicht ansteigend bis auf die Verbindungsstraße zwischen Entiklar und Rain. Dann rasch nach **Entiklar** 02 hinab und dort rechts mit Nr. 3A weiter quer durch die Rebberge. Dabei wieder etwas ansteigend bis P. 330, wo wir auf ein Sträßchen treffen, welches nach **Margreid** 03 hinunterführt.

Wir durchqueren das Dorf südwärts bis zum Umkehrpunkt am **Kreuzegg** 04. Auf der anderen Straßenseite biegt man in die Obstplantagen ein und steuert zunächst einmal die Margreider Bahnhofsstraße an (diese zieht vom Ortskern ostwärts weg). Hier nach rechts über den **Großen Kalterer Abzugsgraben** und gleich dahinter auf den nordwärts abzweigenden Wirtschaftsweg. Wir begleiten den Graben inmitten der Obstwiesen auf gut 2 km Länge, ignorieren vorerst diverse Brücken und wechseln erst zum Anschluss an den **Millasteig** wieder auf die andere Seite. Bei einem einzelnen Edelansitz gilt es ein Mäuerchen zu übersteigen, ehe die steile, treppenartige Millastiege nach **Kurtatsch** 01 hinaufleitet. Man kommt unmittelbar beim Parkplatz heraus.

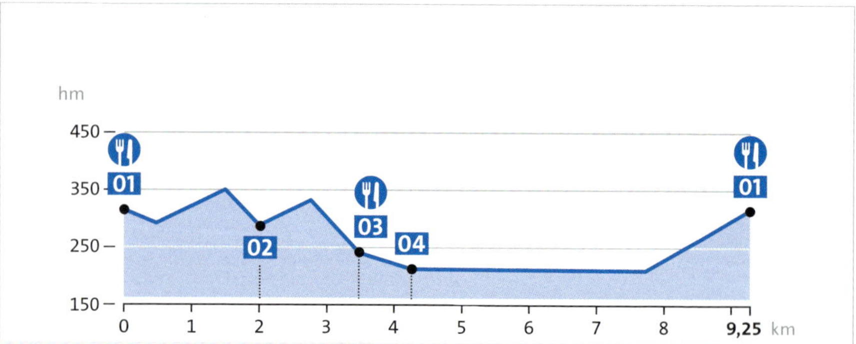

01 Kurtatsch, 319 m; 02 Entiklar, 280 m; 03 Margreid, 241 m; 04 Kreuzegg, 215 m

Blick auf den Ort Kurtatsch

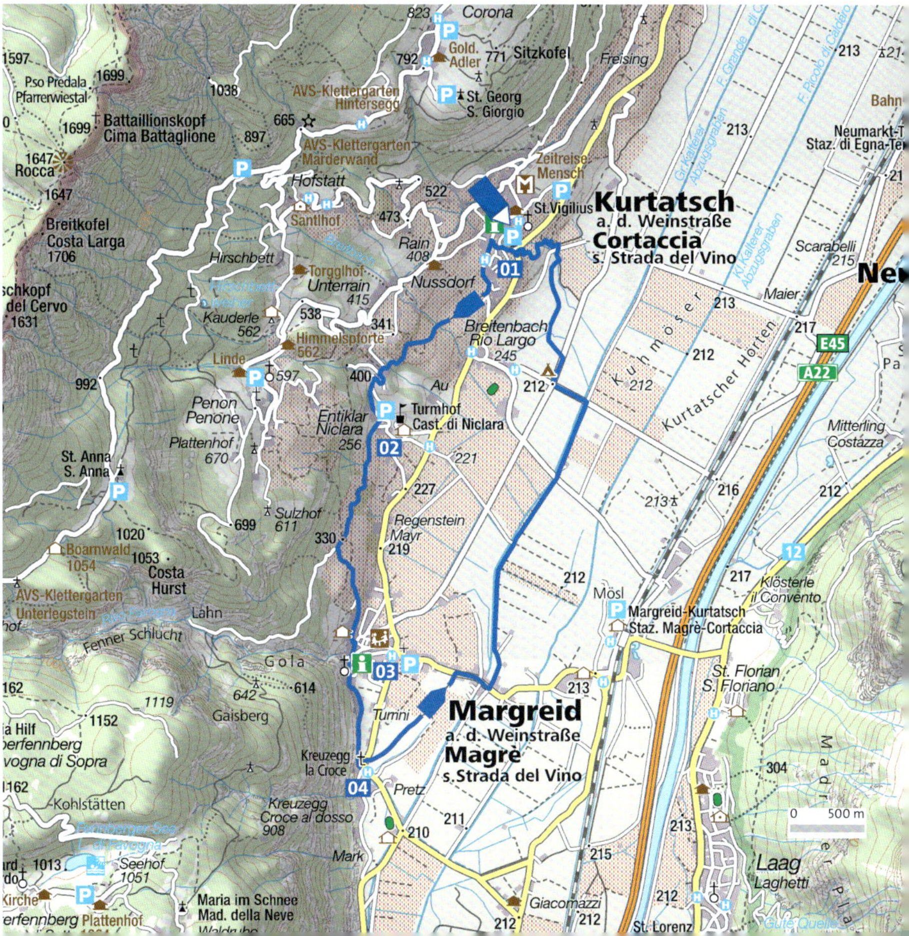

27

Ganz im Süden bei Salurn: Auf dem Dürerweg

Panoramawanderung im südlichsten Südtirol

9,5 km
03:30 h
510 hm
500 hm

START | Laag, 213 m, im Etschtal. Am südlichen Ortsrand in die Dantestraße, anschließend in den Gfrillweg und zum Parkplatz beim Tennisplatz. Laag liegt an der Buslinie Bozen – Salurn.
CHARAKTER | Wanderung auf verkehrsarmen Sträßchen, einige Abschnitte auch auf alten Pflasterwegen, kurze steile Abschnitte. Der Anstieg zur Ruine Haderburg erfolgt auf einem bequemen Wanderweg.

Der Maler Albrecht Dürer war 1494 von Nürnberg nach Italien unterwegs. Als im Etschtal Überschwemmungen ein Weiterkommen unmöglich machten, wählte er den Weg entlang der Berghänge. Der Dürerweg von Laag nach Segonzano in Trient folgt seinen Spuren. Der Wegabschnitt nach Salurn muss den Maler beeindruckt haben. Sechs Aquarelle fertigte er dort an. Es ist eine abwechslungsreiche Wanderung durch Wein- und Obstgärten und durch die waldige Schlucht des Laukasbachs. Immer wieder begeistert die Aussicht ins von steilen Felsabbrüchen eingerahmte Etschtal und zu den felsigen Gipfeln der Brenta. Eine lohnende Zugabe ist der Besuch der Ruine Haderburg, die auf einem Felszahn über Salurn thront.

Start

▶ Vom Parkplatz am südlichen Ortsrand von **Laag** 01 führt ein schmales Sträßchen am Hang entlang bergauf (Wegweiser „Buchholz, Dürerweg"). Mit Blick ins Etschtal und bis nach Salurn steigt man durch Weinberge an und zweigt nach dem Pardatscherhof links auf einen alten Pflasterweg ab, der die Kehren der Straße abkürzt. Wieder auf der Straße biegt man rechts in einen Feldweg ein und wandert zwischen Weinreben zum Unterröllhütthof. Auf einem breiten Schotterweg geht man anschließend die tief eingeschnittene Schlucht des Laukusbachs aus, lässt nach der Brücke die Abzweigung nach Gfrill links liegen und folgt dem Fahrweg über die Hänge nach Buchholz. Kurz vor der Ortschaft zeigt in einer Straßenkehre ein Schild zum Skulpturenweg (siehe Infokasten). Der Dürerweg führt in einer weiteren Serpentine nach **Buchholz** 02 hinauf. Man geht durch den kleinen Ort, hält sich bei einer Bushaltestelle rechts und biegt vor dem Restaurant Grünwald gleich wieder links in den Klammweg ein. Bei einer Verzweigung setzt sich der Dürerweg nach links fort, passiert das Haus Klammweg 5 durch ein Gewölbe und überquert den Mühlbach. Entlang des Bachgrabens geht es bergab, anschließend rechts zu einigen Häusern und auf deren Zufahrtsstraße durch die Weinberge. Noch bevor sie in die Buchholzer Straße mündet, verlässt man den Dürerweg nach rechts auf einen Waldpfad Richtung „Salurn". Bei der Kapelle Totenstöckl kreuzt man die Straße und steigt auf einem alten

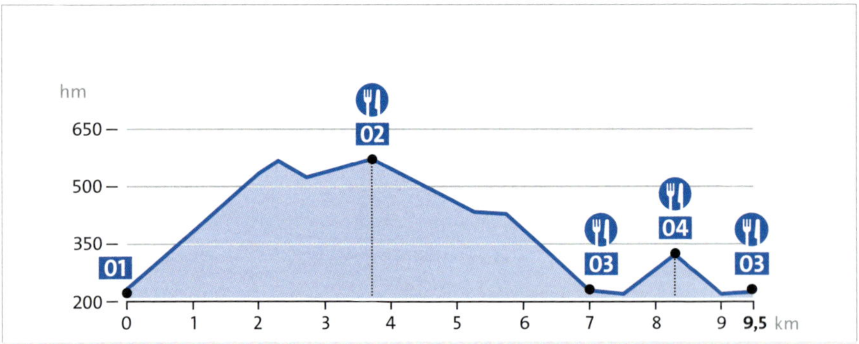

01 Laag, 213 m; 02 Buchholz, 563 m; 03 Salurn Kirche, 224 m; 04 Ruine Haderburg, 322 m

Das Ziel bereits im Blick: Salurn vom Dürerweg

Pflasterweg mit Kreuzwegstationen zum Ortsrand von Salurn hinunter. Geradeaus gelangt man ins Zentrum und zur **Salurner Kirche** **03**. Gleich daneben befindet sich das Rathaus mit der Touristinformation. Für den Weiterweg zur Ruine Haderburg biegt man in die Gasse ein, die beim Informationsbüro bergauf führt, und folgt rechts dem Gartenweg am Friedhof vorbei. Gegenüber dem Feuerwehrhaus geht man auf dem Kurzweg in die Trienter Straße und links zum Ortsende. Dort beginnt der Burgweg, der in flachen Kehren durch den Wald zur **Ruine Haderburg** **04** hinaufzieht. Von der Anlage öffnet sich ein weiter Blick über Salurn und über das Etschtal. In der Burgschenke kann man sich vor dem Abstieg eine Stärkung gönnen, dann kehrt man auf demselben Weg ins Zentrum von **Salurn** **03** zurück. Der Busbahnhof befindet sich 10 Min. nördlich des Ortszentrums beim Sportplatz. Von dort fahren stündlich Busse nach Bozen über Laag. Von der Bushaltestelle beim Rathaus verkehren werktags ebenfalls Busse nach Laag.

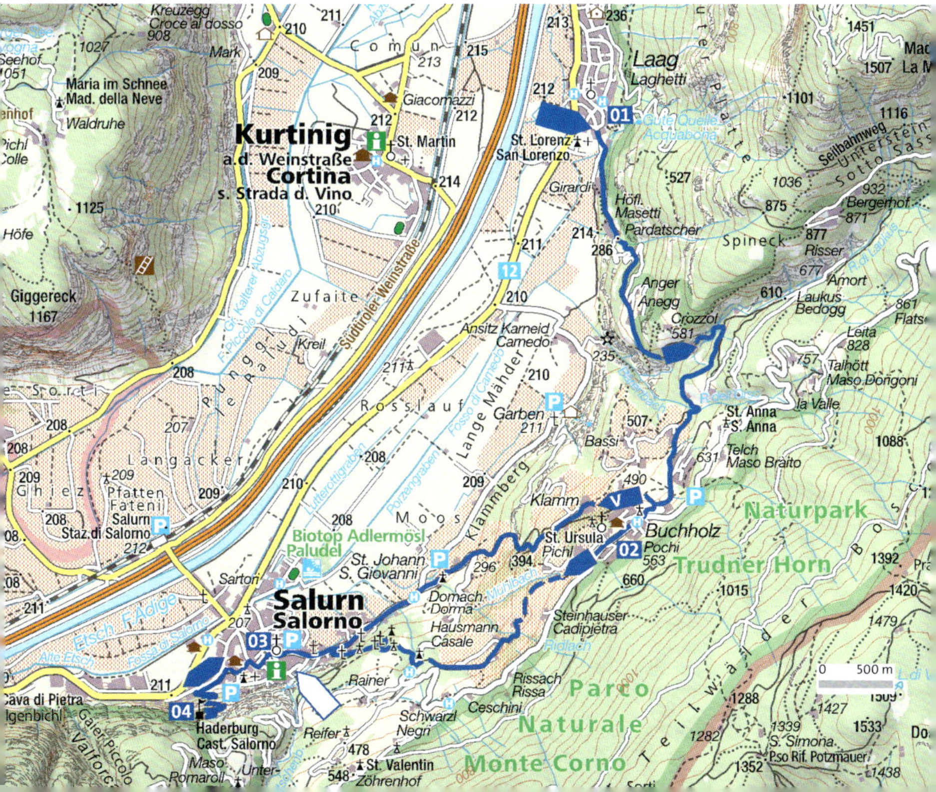

28

Schlernhaus

Auf das Wahrzeichen Südtirols

15 km
07:00 h
1420 hm
1420 hm

START | Völser Weiher, 1050 m, zu erreichen von St. Anton an der Straße Völs – Seis auf ausgeschilderter Fahrstraße, gebührenpflichtiger Parkplatz. Bus von Bozen nach Völs, dort umsteigen zum Völser Weiher (verkehrt von Anfang Juni bis Mitte Oktober).
CHARAKTER | Steiler, anstrengender Anstieg auf dem Schäufelesteig, teilweise etwas ausgesetzt, gute Trittsicherheit erforderlich. Einfacher ist der Abstieg auf dem Prügelweg. Nur für Wanderer mit guter Kondition – 1400 Höhenmeter müssen bewältigt werden.

Der Schlern ist einer der bekanntesten Berge Südtirols. Viele Legenden ranken sich um den Berg mit dem unverwechselbaren Profil. Hexen und Wettermacherinnen sollen sich dort oben treffen. In der Bronzezeit befand sich beim Burgstall, einer Anhöhe am nördlichen Rand des Plateaus, eine Kultstätte. Meistens wird der Schlern von der Seiser Alm aus bestiegen. Der Anstieg von der Völser Seite ist lang und reich an Höhenmetern, bietet aber eine abwechslungsreiche Rundtour und viel Aussicht. Die Einkehr im traditionsreichen Schlernhaus (erbaut 1885) entschädigt schließlich für die Aufstiegsmühen. Dort lohnt sich auch eine Übernachtung. Sonnenuntergang und -aufgang sind ein unvergessliches Erlebnis. Bergab geht es auf dem Prügelweg durch die wildromantische Schlernschlucht. Zum Abschluss winkt ein kühles Bad im Völser Weiher.

Start

Von Bushaltestelle und **Parkplatz** 01 hat man den Rundweg zum **Völser Weiher** 02 in wenigen Minuten erreicht und folgt dem Forstweg am Huberweiher vorbei zur Abzweigung des Wanderwegs Richtung Tuffalm. Auf ihm steigt man durch den Wald zur **Tuffalm** 03 hinauf, die wunderschön auf einem Wiesenplateau unter den Felsabstürzen des Schlern liegt. Unterhalb der Hütte zeigt der Weigweiser „Schlern, Hoferalpl" nach rechts über die Weide zum Waldrand (Mark. 1).

Ein breiter Wanderweg führt mäßig steil über die bewaldeten Hänge unter den Schlernwänden bergauf, überquert den Völser Bach und leitet südlich, an einer Abzweigung zum Hoferalpl vorbei, zur Talstation einer Materialseilbahn. Auch dort lässt man den Weg zum Hoferalpl rechts liegen und zweigt nach ca. 200 m links auf einen Steig ab (Mark. 1). Er quert die steilen Bergflanken über dem Schlerngraben und mündet nach kurzem Abstieg in einen Weg, der in Kehren den Hang hinaufzieht. Kurz darauf kommt man

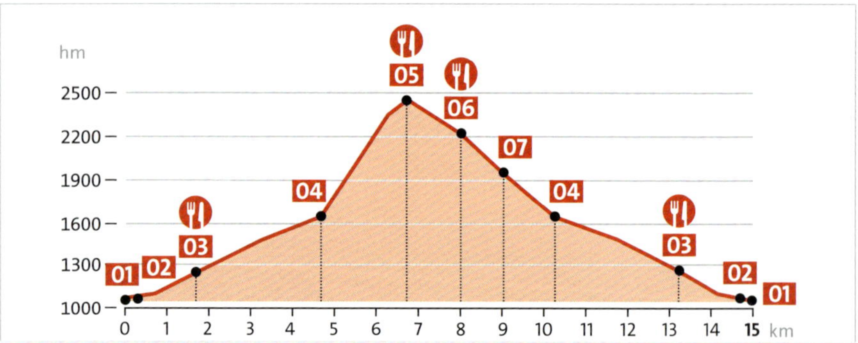

01 Parkplatz Völser Weiher, 1050 m; 02 Völser Weiher, 1056 m; 03 Tuffalm, 1274 m; 04 Kreuz Peter Frag, 1653 m; 05 Schlernhaus, 2450 m; 06 Moarbodenhütte, 2220 m; 07 Sesselschwaige, 1940 m

Fantastische Felskulisse: Schlernhochfläche mit Rosengarten

zum Schlernbach und zum Rastplatz und **Kreuz Peter Frag** 04 am Eingang der Schlucht. Die Bezeichnung soll sich vom Lateinischen petra fracta (Felskluft) ableiten.

Links beginnt der Schäufelesteig, der sich im Zick-Zack über die steilen Bergflanken nach oben schraubt (Mark. 3). Zunächst verläuft der schmale Pfad noch im Wald, später öffnen sich im freien, teils mit Latschen bewachsenen Gelände immer umfassendere Ausblicke. Ein Felsvorsprung wird links umgangen, anschließend wird das Gelände flacher. Über das Schlernplateau wandert man nach Osten zur verdienten Rast auf dem **Schlernhaus** 05. Wer noch Energie hat, sollte dem höchsten Punkt der Hochfläche, dem Petz (2563 m), nördlich der Hütte einen Besuch abstatten (20 Min.). Die Aussicht von dort oben ist einfach überwältigend. Vom Schlernhaus fällt Weg Nr. 1 Richtung Sesselschwaige sanft über die Wiesen des Plateaus nach Süden ab. Nach einigen Wegkehren kommt man zur gemütlichen **Moarbodenhütte** 06 am Rand des Plateaus, wo Wanderer während der Weidezeit eine Stärkung bekommen. Nun geht es steil in ein Tal hinunter, das sich in die Südflanke des Schlern schneidet. Talauswärts erreicht man die **Sesselschwaige** 07. Anschließend folgt der spannendste Teil des Abstiegs.

Von der Almhütte folgt man dem Prügelweg mit seinen Brücken aus „Holzprügeln" durch die von steilen Hängen eingerahmte Schlernschlucht. Beim **Rastplatz Peter Frag** 04 trifft man wieder auf den Anstiegsweg und kehrt zum **Völser Weiher** 02 und dem **Parkplatz** 01 zurück.

29 Seiser Alm

Genusstour unter Dolomitengrößen

10,5 km
03:15 h
300 hm
480 hm

START | Kompatsch, 1855 m, Bergstation der Seiser-Alm-Bahn, Talstation mit Parkplatz in Seis. Parkplatz (hohe Gebühr) auch in Kompatsch, die Straße zur Seiser Alm ist aber von 9 bis 17 Uhr für den privaten Verkehr gesperrt. Bus von Bozen und Brixen nach Seis, von dort auch Busverbindung nach Kompatsch.
CHARAKTER | Leichte Wanderung mit vielen Einkehrmöglichkeiten, größtenteils Fahrwege ohne längere Anstiege.

Die Seiser Alm ist eines der größten Almgebiete in den Alpen und ein Wanderparadies für alle, die es gerne gemütlich haben und dennoch eine großartige Aussicht genießen wollen. Die sanft gewellten Wiesen werden von einer eindrucksvollen Dolomitenkulisse eingerahmt. Einladende Almen und aussichtsreiche Berggasthöfe reihen sich aneinander und bieten neben den fantastischen Ausblicken auch schmackhafte Einblicke in die Südtiroler Küche.

Nach der Auffahrt mit der Seiser-Alm-Bahn geht man von der Bergstation in **Kompatsch** 01 rechts zur Seiser-Alm-Straße mit Restaurants und Läden, überquert sie und wandert geradeaus nach Süden auf einem Fahrweg am großen Parkplatz vorbei. Das schmale Sträßchen windet sich in einigen Kehren den Hang hinauf und führt am Hotel Santner vorbei mäßig ansteigend zu einer Wegkreuzung. Rechts gelangt man zum **Alpenhotel Panorama** 02, das auch mit dem Sessellift zu erreichen ist (zur Talstation von der Seiser-Alm-Bahn-Bergstation geradeaus auf ausgeschildertem Fußweg).

Start

Beim Hotel beginnt links ein Fußweg, auf dem man gemütlich über die Wiesen bergauf spaziert (Mark. 2). Bevor der Pfad auf den Fahrweg trifft, hält man sich rechts Richtung „Tierser Alpl" und zweigt erst etwas später links ab, um beim **Hotel-Restaurant Goldknopf** 03 (Samstag Ruhetag) in eine Schotterstraße einzubiegen. Man geht am Hotelgebäude vorbei zum Fahrweg und folgt ihm rechts in leichtem Auf und Ab an einem Speichersee vorbei und in ein Bachtal hinunter. Dort lädt die urige **Almrosenhütte** 04 zur Einkehr ein. An der Weggabelung bei der Hütte hält man sich rechts und wandert um einen Geländerücken herum zur **Mahlknechthütte** 05. Ihre Terrasse mit Blick auf die Felsbastion von Lang- und Plattkofel und auf die düsteren Nordwände des Molignonmassivs lohnt ebenfalls eine Verschnaufpause.

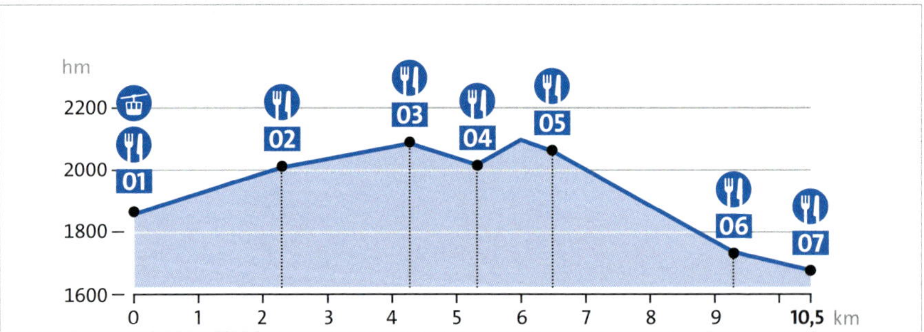

01 Kompatsch, Bergstation Seiser-Alm-Bahn, 1855 m; 02 Alpenhotel Panorama, 2009 m; 03 Hotel-Restaurant Goldknopf, 2075 m; 04 Almrosenhütte, 2004 m; 05 Mahlknechthütte, 2054 m; 06 Hotel-Almrestaurant Tirler, 1741 m; 07 Saltria, 1680 m

Der Blick über die Seiser Alm

Für den Abstieg bleibt man auf dem Fahrweg, der ziemlich steil in ein waldiges Bachtal hinunterführt. Dort biegt man scharf links ab und wandert am Bach entlang talauswärts, an den Hütten der Tanezza-Alm vorbei und zu den flachen Wiesenböden mit dem **Hotel und Almrestaurant Tirler** 06. Von dort ist es noch ein Spaziergang von 20 Min. nach **Saltria** 07 mit der Bushaltestelle für die Rückkehr nach Kompatsch. Wer zu Fuß gehen will, folgt zunächst der Straße nach Kompatsch, zweigt in der ersten Rechtskehre links auf den Wanderweg Nr. 30 ab und folgt dieser Markierung zum Ausgangspunkt zurück (1:45 Std.).

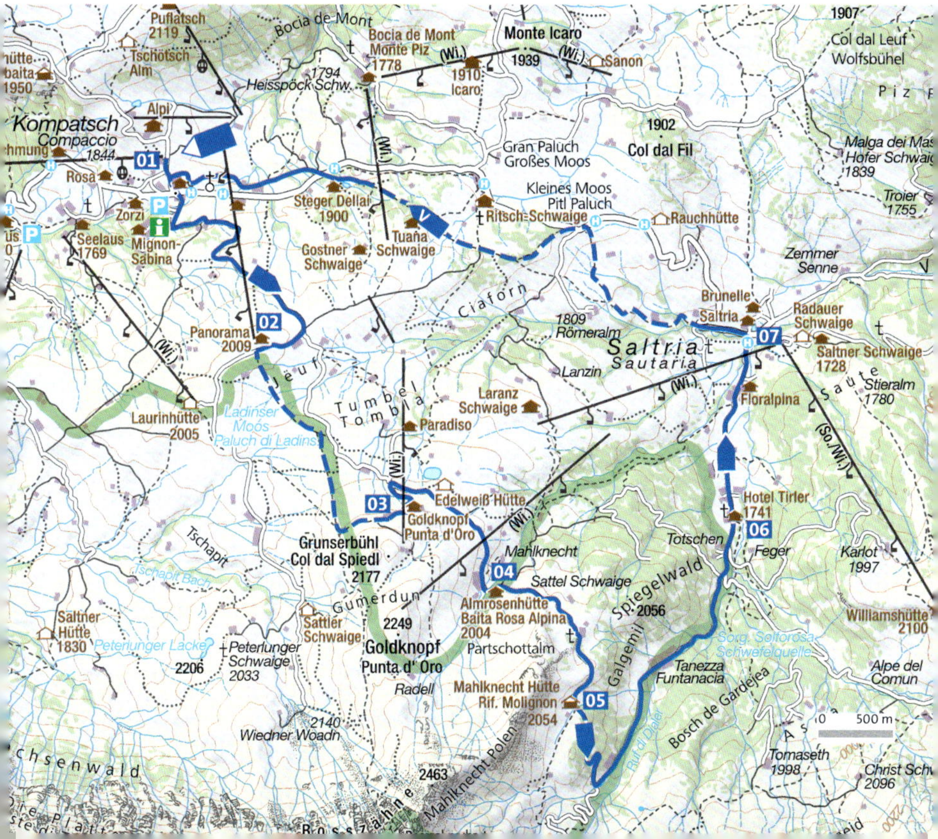

30

Über das Tschager Joch

Durch eine fantastische Felskulisse

9,75 km
04:15 h
650 hm
650 hm

START | Kölner Hütte, 2339 m, Bergstation der Kabinenbahnen König Laurin I und II. Talstation in Welschnofen bzw. für die Bahn Laurin II bei der Frommeralm an der Straße von Tiers zum Karerpass, Parkplatz. Zur Frommeralm auch mit der neuen Tierser Seilbahn von St. Zyprian. Bus von Bozen nach Welschnofen (Linie 180) und nach St. Zyprian (Linie 185).
CHARAKTER | Steiler Aufstieg zum Tschager Joch, Schwindelfreiheit und Trittsicherheit erforderlich. Sonst schotterige Bergwege, für geübte Bergwanderer ohne Schwierigkeit.

Die Tour über Tschager Joch und Cigolade-Pass ist eine der klassischen Runden durch den Rosengarten. Sie führt mitten hinein in König Laurins faszinierendes Felsenreich. Immer wieder wird man den Kopf in den Nacken legen und staunend zu den zum Himmel strebenden Wänden hinaufblicken. Bei der Rotwandhütte reiht man sich in die Karawane der Ausflügler ein, die bequem mit der Kabinenbahn zu den Felsen heraufgekommen sind, um auf dem Hirzelweg, dem bekanntesten Höhenweg im Rosengarten, Eindrücke zu sammeln – zweifellos eine großartige Panoramawanderung zwischen senkrechtem Fels und sagenhaften Weitblicken.

Start

▶ Hinter der **Kölner Hütte** 01 folgt man der Mark. 550 und steigt über einige etwas speckige, drahtseilgesicherte Felsstufen bergauf. Oberhalb der Felsen teilt sich der Weg. Man hält sich weiterhin an Mark. 550, quert ein Stück nach rechts und steigt sehr steil und etwas mühsam über Schotter und Geröll zur schmalen Scharte des **Tschager Jochs** 02 hinauf. Von dort hat man einen schönen Blick auf die wuchtige Rosengartenspitze, ins Vajolettal mit dem Kesselkogel, dem höchsten Rosengartengipfel, im Talschluss und auf die Felsnase der Marmolada jenseits des Fassatals. Man steigt nach links unter den Felsen hinab und biegt an einer Abzweigung rechts Richtung „Passo Cigolade" ab (Mark. 541). Beinahe eben wandert man oberhalb des Vajolettals nach Südosten, bis noch einmal ein steilerer Anstieg zu überwinden ist. In Kehren geht es, vorbei an bizarren Felszacken und -türmen, hinauf zum **Cigolade-Pass** 03. Dort hat man rechts den gewaltigen Felsklotz des Mugoni vor sich. Jenseits des Jochs steigt man über das Geröllkar hinunter, geht unter den Wänden des Mugoni vorbei und durch ein Felstor und erreicht die flachen Wiesenböden des Pael de Sot, wo der Steig zum Vajolon-Pass abzweigt. Nun wandert man ganz gemütlich in 20 Minuten

01 Kölner Hütte, 2339 m; 02 Tschager Joch, 2630 m; 03 Cigolade- Pass, 2550 m;
04 Rotwandhütte, 2283 m; 05 Cristomannos-Denkmal, 2375 m

Sonnenuntergang am Rosengarten

zur **Rotwandhütte** 04, einer schön gelegenen Einkehr. Bei der Hütte beginnt der beliebte Hirzelweg, der nach Süden zunächst zum großen Bronzeadler des **Cristomannos-Denkmals** 05 führt, einem herrlichen Aussichtspunkt mit Blick auf Latemar und bis zur Pala (Mark. 549). Dort setzt er sich rechts bergauf Richtung Kölner Hütte fort (links zur Einkehr Paolinahütte) und wendet sich kurz darauf nach Norden. Mit nur geringem Höhenunterschied verläuft er direkt unter den Felsabstürzen des Masare-Kamms und der mauerglatten Rotwand entlang. Weiter geht es über die aussichtsreichen Westhänge des Rosengartens, bis man auf einen schotterigen Fahrweg stößt und ihm in einem zehnminütigen Anstieg zur **Kölner Hütte** 01 folgt. Mit der Kabinenbahn kehrt man wieder zur Frommeralm zurück. Will man den Abstieg zu Fuß antreten, wandert man auf dem Fahrweg bergab, bis Mark. 15 zur Frommeralm abzweigt und durch das Skigebiet zur Mittelstation der Kabinenbahn hinunterführt (1 Std.).

31

Die bekannte Kapelle im Villnößtal

Das Villnößtal von seiner schönsten Seite

START | Parkplatz Ranui (Ampel Zanser Alm)
CHARAKTER | Von der Wegbeschaffenheit ist die Wanderung leicht, es gibt jedoch einige steilere Passagen.

11,1 km
03:15 h
510 hm
510 hm

Die Wanderung führt von Hofstelle zu Hofstelle durch die bäuerliche Kulturlandschaft des oberen Villnößtals. Der Panoramaweg mit einigen durchaus anstrengenden Passagen bergauf und bergab bietet grandiose Ausblicke auf das obere Villnößtal.

Gestartet wird am **Parkplatz Ranui** 01. Nach wenigen Metern entlang der Fahrstraße wird bei erster Gelegenheit der Villnößer Bach gequert. Die Teerstraße führt geradewegs zur **Kirche St. Magdalena** 02. Zwischen den Hofgebäuden hindurch ist der Panoramaweg ein erstes Mal nach einer Bachquerung ausgeschildert. Er verläuft vorbei an einem Bildstock zum Waldrand (**Weggabelung** 03) und führt ab dort mal im Waldstreifen, mal unterhalb von diesem in stetem Auf und Ab Richtung St. Peter. Nach einer Infotafel zum Thema Hecken folgt auf Höhe der Häuser von Coll der **Abzweig** zum tiefer liegenden **Sunnseitnweg** 04.

Durch ein Waldstück geht es relativ steil hinauf zur Passstraße (zum Würzjoch) und zur Kapelle **Vikoler Bild** 05. Rechts neben der Kapelle weist ein Wegweiser in den Wald hinein zum Vikoler Jöchl. Kurz folgt man dem steilen Weg, dann zweigt nach links ein Weg nach St. Peter ab, der durch die Rungatsch-Höfe hindurchführt. Gleich nach dem unteren Hof quert man eine Bergwiese bergab und befindet sich nun auf dem **Sunnseitnweg** 06 (Logo Sonne), dem man nach links Richtung St. Magdalena folgt. Nach erneuter Querung der Passstraße ist bald die **Jausenstation Gsoi** 07 mit einer Hofkapelle von 1831 erreicht. Wenig später zweigt am tiefsten Punkt der Wanderung (etwas oberhalb der Talstraße) ein **Wiesenpfad** 08 nach links ab und führt hinauf zu zwei weiteren Höfen.

Start

Statt aber der Straße Richtung Ort zu folgen, nimmt man an einer Gabelung links den Weg über Treppenstufen und wandert zwischen den Wiesen weiter auf die Dorfkirche zu. Steil geht es links ein paar Höhenmeter am Zaun entlang bergauf (Hinweis Panoramaweg), dann nach rechts auf **Weg 32** 09 Richtung Ort in eine Senke und auf dem Kirchsteig zur **Kirche** 02 hinauf. Ab hier auf dem Hinweg zurück zum **Parkplatz Ranui** 01.

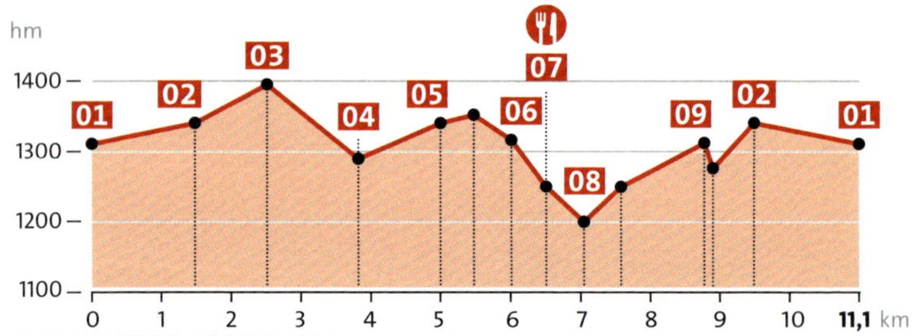

01 Parkplatz Ranui, 1315 m; 02 Kirche, 1343 m; 03 Weggabelung, 1391 m; 04 Beginn des Sunnseitnwegs, 1281 m; 05 Vikoler Bild, 1330 m; 06 Sunnseitnweg, 1319 m; 07 Jausenstation Gsoi, 1251 m; 08 Wiesenpfad, 1200 m; 09 Abzweig Weg 32, 1314 m

Blick nach St. Magdalena, vor dem Schlussanstieg zum Vikoler Bild

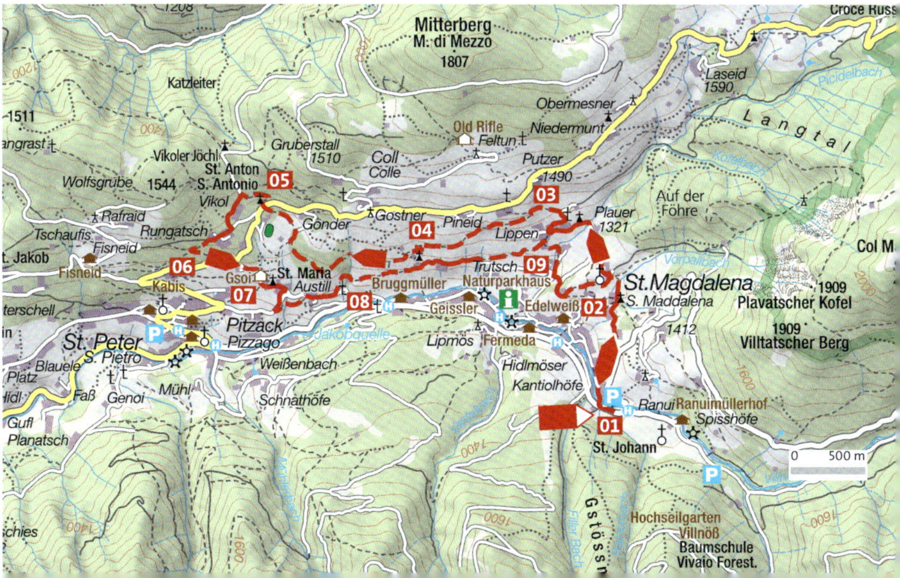

32

Unterhalb der Geisler Gruppe zur Brogles Hütte

Am Fuß der Geislerspitzen

START | (gebührenpflichtiger) Parkplatz bei der Waldschenke (1382 m)
CHARAKTER | Bis auf den Schlussanstieg durchwegs im Wald auf breiten Forstwegen und steinigen Waldpfaden.

9,2 km
03:00 h
650 hm
650 hm

Die Brogleshütte inmitten der Weiden der Broglesalm hat eine einzigartige Lage zu Füßen der imponierenden Wände der Geislerspitzen. Gleich beim Haus beginnt der kehrenreiche Aufstieg zur Panascharte, dem alpinen Übergang ins Grödental. Die Hütte ist ein viel besuchtes Ausflugsziel von Wanderern, die über den Grödner Höhenweg von der Raschötz-Standseilbahn zur Hütte wandern. Von dort kann man über den Adolf-Munkel-Weg zur Zanser Alm absteigen und entweder zu Fuß zur Waldschenke zurücklaufen oder mit dem Bus nach Ranui fahren.

Start

Am kostenpflichtigen **Parkplatz Waldschenke** 01 finden sich am Waldrand erste Hinweise zur Broglesalm/Brogleshütte (Weg 28). Auf einem breiten Forstweg wandern wir allmählich ansteigend geradeaus (eine Abzweigung nach rechts ignorieren wir) zu einer **Weggabelung** 02, bei der nach links Weg 33 zur Zanser Alm abzweigt. Wir bleiben auf Weg 28 und wandern links vom Klieferbach durch das Broglestal Richtung Süden und genießen immer wieder den Blick auf die Wände der Kleinen Fermada. Auch an der folgenden Weggabelung, an der Weg 34 zur Dusler Alm und Zanser Alm abzweigt, bleiben wir geradeaus. Schließlich erreichen wir eine **Brücke** 03.

Hier halten wir uns rechts, queren den Bach und folgen weiterhin dem Fahrweg bergwärts, in der ersten Kehre halten wir uns allerdings links. Einen kleinen, breit über den Weg fließenden Zufluss des Klieferbaches queren wir mittels einer kleinen Brücke und erreichen wenige Minuten später einen **Wendeplatz** 04, an dem der Fahrweg endet. Wir sind nun knapp eine Stunde unterwegs und haben noch einmal die gleiche Gehzeit vor uns.

Nun beginnt der steile, teils auch steinige Pfad durch den Bergwald hinauf, vor uns immer wieder einmal die imposanten Fermedatürme. Wir passieren eine weitere Weggabelung, an der links Weg 29 zur Geisleralm und Mittagsscharte abzweigt, und nähern uns der Waldgrenze. Rechts von uns stürzt sich der Klieferbach als kleiner **Wasserfall** 05 über eine Geländestufe.

Das Gelände wird offener und wir wandern nun über felsige Bergwiesen hinauf zu einer weiteren Weggabelung, wo wir auf den von links einmün-

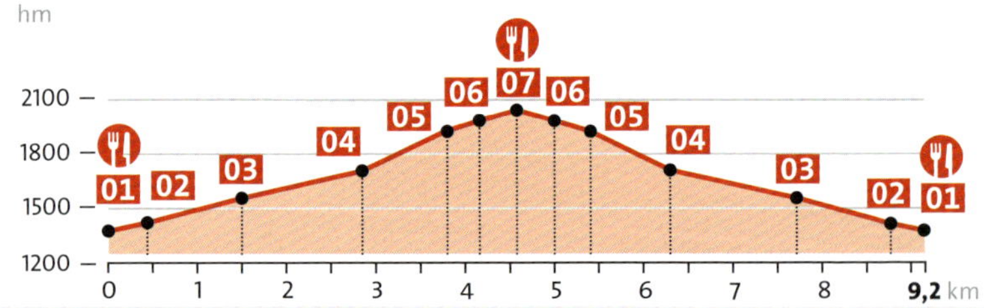

01 Parkplatz Waldschenke, 1382 m; 02 Weggabelung, 1417 m; 03 Brücke, 1550 m; 04 Wendeplatz, 1720 m; 05 Wasserfall, 1925 m; 06 Adolf-Munkel-Weg, 1980 m; 07 Brogleshütte, 2045 m

Die Brogleshütte vor den Geislerspitzen

denden **Adolf-Munkel-Weg** 06 treffen. Ein Schild informiert, dass wir nun den Naturpark Puez-Geisler betreten. Wir halten uns rechts Richtung Broglesalm und wandern durch lichtes Gelände zwischen Zirben hindurch hinauf zu den weitgehend baumlosen Almflächen rund um die Hütte, die man nach einem letzten Anstieg erreicht.

Die Lage der **Brogleshütte** 07 ist fantastisch – gleich südlich des Hauses blicken wir auf die steilen, in Schutthängen auslaufenden Felswände der Seceda (2518 m) rechts und der Kleinen Fermeda (2814 m) links. Dazwischen sind die Kehren des Wanderwegs hinauf zur Panascharte (2447 m) gut zu erkennen. Die Hütte ist vielbesucht, zum einen von Wanderern, die von St. Ulrich mit der Standseilbahn zur Raschötz hochfahren und über den Höhenweg zur Brogleshütte wandern, zum anderen von Wanderern aus dem Villnößtal, die über die Zamser Alm oder den Adolf-Munkel-Weg zur Hütte kommen.

Der Rückweg zum **Parkplatz an der Waldschenke** 01 erfolgt über die Aufstiegsroute.

DIE HALL OF FAME DER SÜDTIROLER FAHRZEUGE

Ohne Troppl konsch lei drhuam bleibn

Dort wo die Straßen steiler sind als manche Wanderwege, braucht man Fahrzeuge oder auch „Troppln" genannt, die mehr können als nur gut aussehen. Hier geht es um wahre Helden auf Rädern, die bei einem Besuch in Südtirol kaum zu übersehen sind.

Panda 4x4 (altes Modell) – alias die unbändige Blechschachtel

Der Panda 4x4 ist das Arbeitstier der Alpen. Klein, wendig und unaufhaltsam kämpft er sich durch Schnee, Matsch und steile Feldwege. Er ist der Beweis, dass Größe nicht alles ist – und dass man mit Allradantrieb auch den Mount Everest erklimmen könnte (fast).

Die Vespa – oder auch „Veps"

Die Vespa ist seit der Annexion Südtirols durch Italien ein echtes Kultobjekt unter den einheimischen Südtirolern geworden. Mit ihr cruist man entspannt auf den Berg und durch das Tal und lässt sich die Sonne ins Gesicht scheinen. Aber Vorsicht: Aufpassen, dass der Schurz nicht in den Speichen landet!

Ape Piaggio – „Hosch awian an Ape?"

Die Ape ist das Schweizer Taschenmesser unter den Nutzfahrzeugen Südtirols. Sie ist ein Lastenträger, Privatfahrzeug, Verkaufsstand und eine mobile Kaffeebar (oder Bierbudel) in einem. Mit ihrer knatternden Zweitakt-Maschine, welche so gern von den Einheimischen getunt wird, und ihrem einzigartigen Erscheinungsbild zieht sie alle Blicke auf sich – und beweist, dass man mit 3 Rädern auch eine „wilde Troppl" haben kann.

Traktor – Der grüne Boss

Ob jung oder alt, klein oder Monstertraktor: Der Traktor ist das Rückgrat der Südtiroler Landwirtschaft. Er pflügt Felder, transportiert Heu und zieht alles Nötige den Hang hinauf. Mit seinem lauten Motor und seiner imposanten Erscheinung ist er der König der Landstraße – und der heimliche Star jedes Dorffestes (besonders, wenn es ein Fendt Model ist).

33

Puflatschumrundung

Auf dem Aussichtsbalkon der Seiser Alm

START | Parkplatz in Pufels
CHARAKTER | Im oberen Teil des Schnürlsteigs sind kurze, felsreiche Passagen mit Seilen gesichert, die Puflatschrunde selbst ist einfach zu begehen.

11 km
04:45 h
890 hm
890 hm

Start

Zu den schönsten Wanderungen auf der Seiser Alm zählt die große Runde über die Hochfläche des Puflatsch im Westen der Hochalm. Nach Norden und Westen bricht das Plateau jäh ab und bietet dadurch herrliche Ausblicke zum Schlern, ins Eisacktal und weit darüber hinaus. Richtung Osten bilden Platt- und Langkofel eine eindrucksvolle Bergkulisse.

Aufstieg: In **Pufels** 01 beginnt die Wanderung an der Straßengabelung oberhalb des Gasthauses Hotel Mesavia. Hier nimmt man die relativ steil bergauf führende Teerstraße, von der gleich nach der Rechtskehre links der **Wanderweg** 02 abgeht (Wege 24/3A). Ihm folgt man, bis rechts ein rotweißrot markierter Weg (24) abzweigt, der zu einer Quellfassung führt. An dieser vorbei folgt man dem **„Schnürlsteig“** (Weg 24) 03 auf einem schönen, kehrenreichen Waldweg mit angenehmer, gleichmäßiger Steigung. Nach rund 40 Min. öffnet sich der Weg zu einer kleinen Wiese mit Bänken. Von hier aus schaut man sowohl auf den Panider Sattel und St. Peter als auch nach St. Ulrich. Nach weiteren 20 Min. durch den Hochwald kommt eine zweite Lichtung in Sicht. Auf dem letzten Drittel zum Fillner Kreuz wird der Steig zusehends felsiger, in einer Kurve genießt man ein erstes Mal den Blick auf die Seiser Alm und das Fillner Kreuz. Von der Ostflanke wechselt der Weg nun auf die Nordseite des Fillner Kreuzes und steigt weiter zügig bergan. Wer sich unsicher fühlt, kann an einigen steilen Stellen auf eine Seilversicherung zurückgreifen. Kurz unterhalb des Gipfels liegt rechter Hand (in einer Linkskurve, Wegmarkierung 24) eine geologische Besonderheit, eine Basaltorgel.

Der Ausblick vom **Fillner Kreuz** 04 belohnt für die Mühen des Aufstiegs. Am Kreuz beginnt auch die mit „PU“ markierte Puflatschumrundung. Den Schildern Richtung Hexenbänke folgend, verläuft der Weg immer entlang der Kante und bietet daher grandiose Fernblicke in alle Himmelsrichtungen. Als Haltepunkte unterwegs empfehlen sich die **Hexenbänke** 05, das **Gollerkreuz** 06 und die **Arnikahütte** 07. Hier besteht zudem die Möglichkeit, die Runde abzukürzen und direkt zur Bergstation Puflatsch und weiter zum Fillner Kreuz zu laufen.

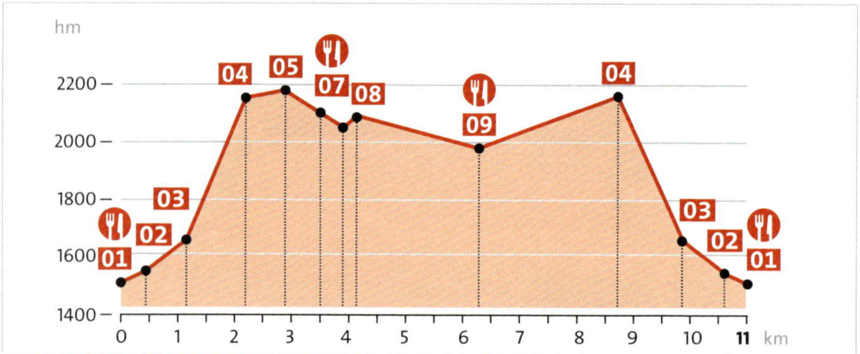

01 Parkplatz in Pufels, 1500 m; 02 Abzweig Wanderweg von der Teerstraße, 1555 m; 03 Schnürlsteig, 1644 m; 04 Fillner Kreuz, 2150 m; 05 Hexenbänke, 2162 m; 06 Gollerkreuz, 2104 m; 07 Arnikahütte, 2051 m; 08 Wetterkreuz, 2077 m; 09 Abzweig Dibaita-Hütte, 1987 m

Schöne Fotomotive bieten Sella, Langkofel und Plattkofel

Auf der großen Puflatschrunde folgt man nun der Beschilderung zur Dibaita-Hütte und nach Kompatsch. Von der in einer Senke liegenden **Arnikahütte** 07 geht es zunächst einen kleinen Gegenanstieg hoch, wenig später mündet nach Passieren eines **Wetterkreuzes** 08 Weg 8 aus Kastelruth in die Puflatschrunde ein. Nach Überquerung eines Bachs endet der Pfad, nun geht es auf einem landwirtschaftlichen Fahrweg weiter. Vorbei an Almhütten kommt schon bald die etwas unterhalb des Rundwegs liegende **Dibaita-Hütte (Puflatschhütte)** 09 in Sicht. Alsbald mündet von links eine Asphaltstraße ein, die talwärts nach Kompatsch führt.

Rückweg zum Fillner Kreuz: Statt nach Kompatsch abzusteigen, nimmt man die Gegenrichtung und wandert auf der geteerten Straße Richtung Norden zur Bergstation Puflatsch (Achtung: Schild fehlt). Oben angekommen helfen wieder Wegweiser bei der Orientierung. Bis zu einer erneuten Weggabelung folgt man den Wegweisern „PU" und Arnikahütte (Weg 14). An der Gabelung hält man sich dann rechts und erreicht wenig später das **Fillner Kreuz** 04, wo man noch ein letztes Mal den weiten Blick über die Seiser Alm genießen kann.

Der **Rückweg** erfolgt wie der Aufstieg über den Schnürlsteig.

34

Von der Seceda nach St. Ulrich

Vom höchsten Gipfel über St. Ulrich ins Tal

START | Bergstation Umlaufbahn Seceda
CHARAKTER | Aussichtsreiche Wanderung über Almen und Waldwege, am Schluss der „Weg des Dialogs".

9,6 km
03:00 h
140 hm
1340 hm

Zugegeben: Der Skiberg Seceda ist nicht der schönste Gipfel, aber er bietet an Tagen mit guter Fernsicht herrliche Weitblicke. Nur wenige Schritte sind es bis zum Gipfelkreuz 02 , wo ein Metallkreis mit Gipfelpanorama die Orientierung erleichtert: Bringt man die metallenen Spitzen mit denen am Horizont in Übereinstimmung, erfährt man die Namen der Gipfel.

Abstieg: Von der **Bergstation** 01 läuft man zunächst auf Wirtschaftswegen. Erst geht es ein Stück nach Osten zur Hütte Sofie, dann weiter talwärts zur aussichtsreich gelegenen **Curona-Hütte** 03 oberhalb des **Cuca-Sattel** 04. Von hier führt der alte Jägersteig Troi de Tuë (Weg 6A) durch lichten Wald ohne große Aussicht, aber auch ohne großen Höhenverlust durch die Westflanke des Monte Pic zur Lichtung **Plan da Roles** 05. Über einen Grasrücken, dann wieder in den Wald eintauchend geht es hinunter zum **Aussichtspunkt Balest** 06 und weiter zur **Kirche St. Jakob** 07.

Bei einem Platz mit Brunnen und Bänken beginnt der nach St. Ulrich führende **„Weg des Dialogs"** 08, der in mehreren Kehren hinunter zur Straße führt. In Porphyrsteine gemeißelte Gedanken laden unterwegs zum Innehalten ein. Höhepunkt ist eine Kapelle mit einem geschnitzten lebensgroßen Jesus. An der Straße läuft man wenige Meter nach rechts und biegt dann nochmals rechts zum **Parkplatz** 09 ab.

Start

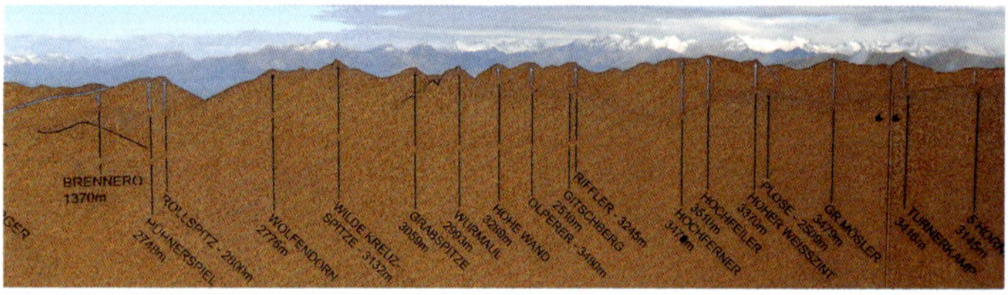

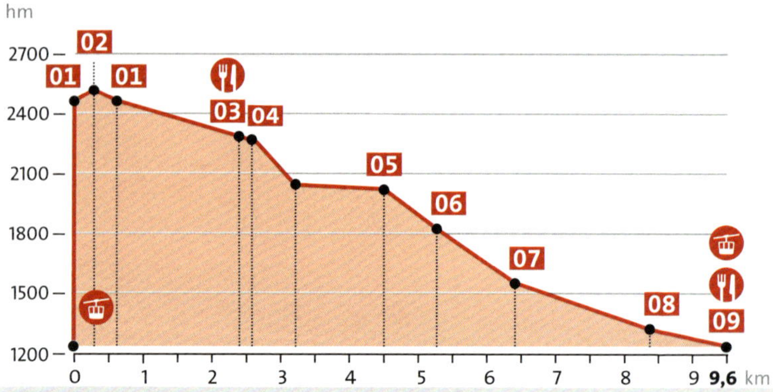

01 Bergstation der Umlaufbahn Seceda, 2456 m; 02 Gipfelkreuz, 2518 m; 03 Curona-Hütte, 2175 m; 04 Cuca-Sattel, 2160 m; 05 2010 m, m; Plan da Roles, m; 06 Balest, 1823 m; 07 St. Jakob, 1572 m; 08 Beginn des „Weg des Dialogs", 1333 m; 09 Talstation der Umlaufbahn Seceda, Parkplatz, 1254 m

Sonenaufgang auf der Seceda

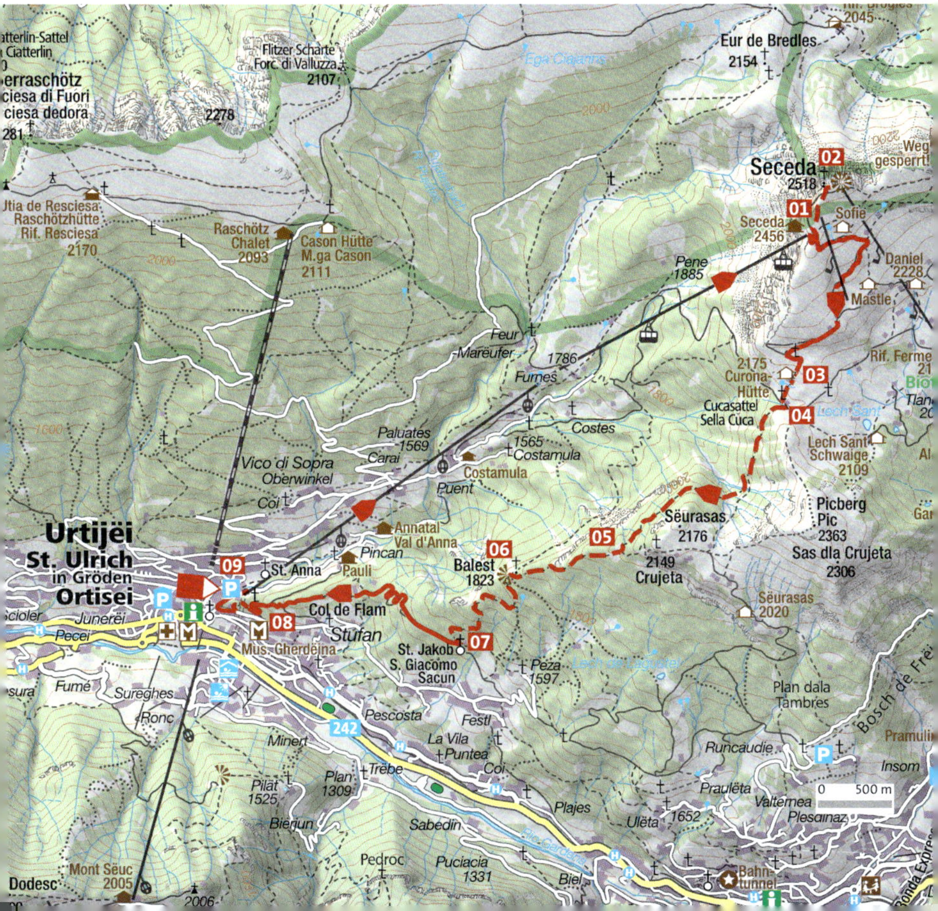

35 Am Sellerjoch: Die Steinerne Stadt

Naturdenkmal am Fuß des Langkofels

3,5 km
01:00 h
120 hm
120 hm

START | Talstation der Langkofelbahn
CHARAKTER | Der obere Weg mit den Informationstafeln ist ein Güterweg, der Rückweg (Weg 526) durch das Felssturzgelände dagegen ein schmaler Pfad. Ein Drittel des Wegs führt über Skipisten, auch Liftanlagen werden gequert.

Das Naturdenkmal mit dem klangvollen Namen ist ein riesiger Felssturz auf der Südostseite des Langkofels. Die zum Teil häusergroßen Brocken liegen über ein großes Areal verteilt, das von der Passstraße aus je nach Lichteinfall an eine kleine Stadt erinnert. Das Gelände mit überhängendem Dolomit ist ein beliebtes Klettergelände, vor allem zum Bouldern.

▶ **Lehrpfad Naturonda:** Der Naturlehrpfad beginnt oberhalb der **Talstation** 01 der Langkofelbahn. Gleich zu Beginn zeigt ein Luftbild die Ausdehnung des Felzsturzgeländes, eine weitere Tafel erläutert die Entstehungsgeschichte. Die folgenden Tafeln, die allesamt immer etwas abseits des Hauptweges platziert sind, informieren über die Tier- und Pflanzenwelt.

Der Lehrpfad führt leicht ansteigend unterhalb der Südostwand des Langkofels durch das Felssturzgebiet zu einer ersten Aussichtsplattform, auf der ein großformatiges Bild die einzelnen Türme des Sellastocks erläutert, sowie zu einer zweiten **Fototafel** 02 mit den Gipfeln der Geislerspitzen und der Puezgruppe.

Start

Weniger spektakulär ist der nun folgende Abstieg über Skipisten zu einer **Weggabelung** 03. Hier trifft der Güterweg zur Comici-Hütte auf den Wanderweg 526, der zurück zum Sellajoch führt. Ihm folgt man wieder leicht ansteigend bis zu einem Weidezaun mit Marterl. Kurze Zeit später taucht man erneut in das Felssturzgelände ein, ein schmaler, aber unschwieriger Pfad führt durch die haushohen Blöcke und zwischen Zirben, Kiefern und Sträuchern hindurch.

Der Weg endet schließlich an einer Skistation am **Sellajoch** 01.

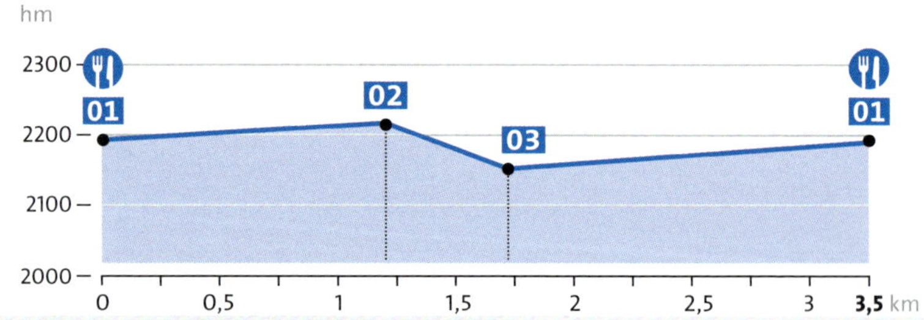

01 Talstation der Seilbahn zur Langkofelscharte, 2180 m;
02 2. Fototafel Berge (Geisler- und Puezgruppe), 2230 m; 03 Weggabelung , 2149 m

Eine traumhafte Aussicht wartet am Sellerjoch

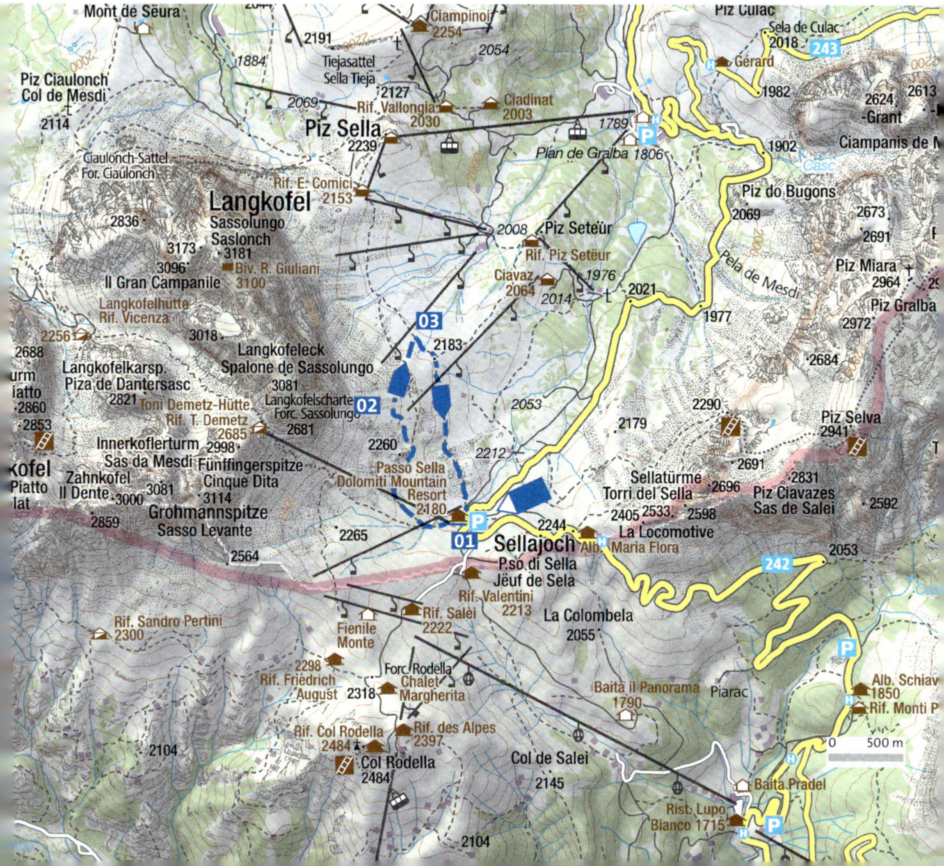

36

Kreuzweg in Wolkenstein

Besinnlicher Spazierweg zu Füßen der Steviawände

START | Wanderparkplatz im Wolkensteiner Ortsteil Daunëi
CHARAKTER | Leichter Spazierweg, kinderwagentauglich.

4,7 km
01:15 h
154 hm
154 hm

Zwei kunsthistorisch interessante Highlights liegen am Weg: die Kapelle St. Silvester und die Ruine Wolkenstein. Der Spazierweg ist einer der ältesten in Gröden, 1983 schnitzten einheimische Künstler die Stationen der Leidensgeschichte Christi in Baumstämme.

Vom **Parkplatz** 01 geht es zunächst 200 m auf der Straße bergab bis zur Kehre unterhalb der Wasserfassung, hier biegt der Zuweg zum **Wanderweg 17A** 02 ab. An der Weggabelung der Beschilderung Langental folgen. Bei einem Picknickplatz betritt man den Naturpark Puez-Geisler; der Kiesweg mit vielen Bänken führt nun oberhalb von Wolkenstein entlang. Kurze Zeit später wird der **Beginn des Kreuzwegs** 03 erreicht.

Der breit angelegte Weg führt etwas oberhalb des Talbodens ohne nennenswerte Steigungen ins Langental. Nach etwa 20 Min. (Kreuzwegstation VI) rücken die mächtigen Steviawände ins Blickfeld. Nach der Kreuzwegstation VII zweigt links der **Pfad** 04 zur Ruine Wolkenstein ab. Wenig später ist ein Teil des Bergfrieds, der unmittelbar an die Felswände gebaut wurde, zu erkennen. Weiter ins Langental hineinlaufend genießt man einen herrlichen Blick Richtung Osten auf die Wände des Val de Chedul und der Cirspitzen. Der Weg mündet nach der Kreuzwegstation XIV in die Bergwiesen rund um die **Kapelle St. Silvester** 05.

Start

Rückweg: wie Hinweg.

Ruine Burg Wolkenstein
Ein **kurzer Pfad** 04 führt, teilweise über Treppen, die mit Geländer gesichert sind, hinauf zur **Burgruine** 06, die in 10 Minuten erreicht ist (65 m Höhenunterschied).

Die 1225 erstmals urkundlich erwähnte Burg Wolkenstein am Eingang des Langentals bewachte den historischen Handelsweg Troi Paian, der über Wolkenstein zum Grödner Joch und Sellajoch führte. Die unterhalb der Steviawände erbaute Burg hatte einen dreieckigen Grundriss. 1293 erwarb sie Randolf von Villanders, der Ahnherr der Tiroler Dynastie Wolkenstein-

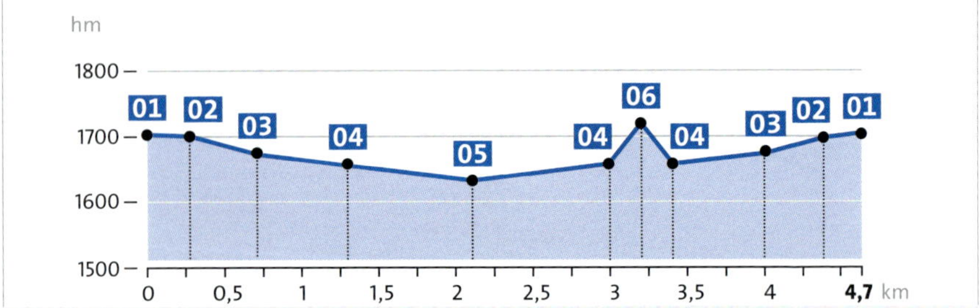

01 Wanderparkplatz Daunëi, 1707 m; 02 Wanderweg 17A, 1701 m; 03 Beginn des Kreuzwegs, Weg 26, 1680 m; 04 Weg zur Ruine Wolkenstein, 1658 m; 05 Kapelle St. Silvester, 1633 m; 06 Ruine Wolkenstein, 1723 m

Blick von der Ruine ins Val de Chedul und auf die Kapelle St. Silvester

Trostburg, 1407 fiel sie an Michael von Wolkenstein, dem Bruder von Oswald von Wolkenstein (um 1377–1445). Dieser war als Minnesänger, Liedermacher und Dichter bekannt und häufig auf Burg Wolkenstein bei seinem Bruder zu Gast. Wenn Oswald nicht gerade als Diplomat durch ganz Europa reiste, wohnte er auf Burg Hauenstein oberhalb von Seis.

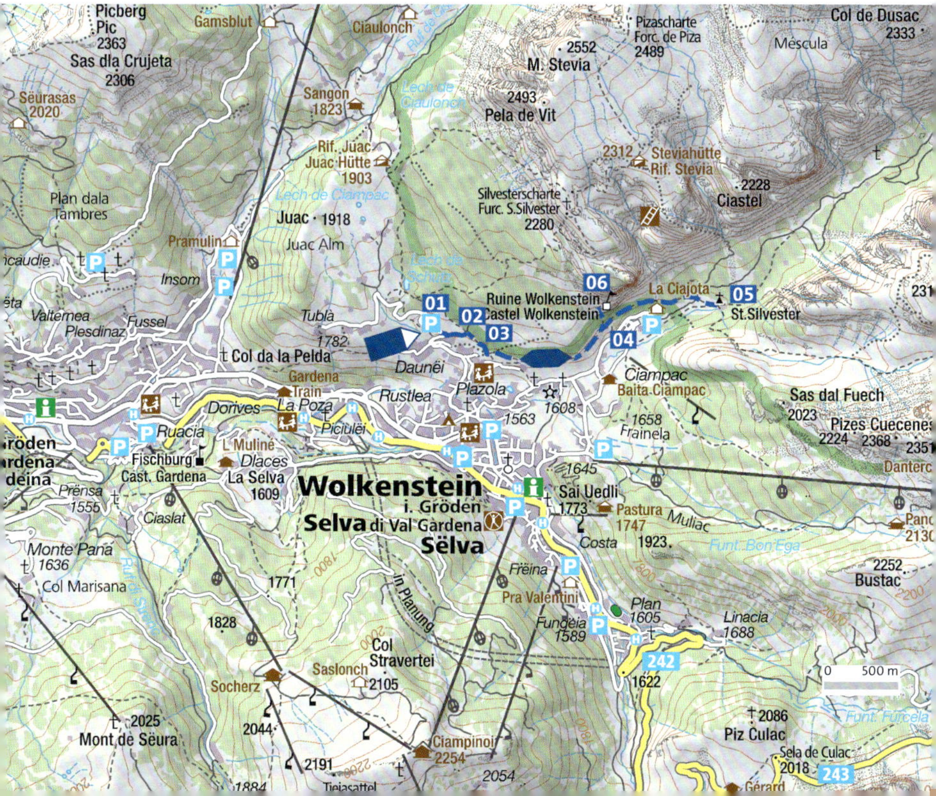

Pustertal

37 Ein relativ einfacher 3000er: Wilde Kreuzspitze

Auf den höchsten Gipfel der Pfunderer Berge

17 km
07:15 h
1420 hm
1420 hm

START | Parkplatz, (ca. 1720 m) knapp vor der Fanealm, 5 km von Vals. Von Anfang Juli bis Ende September ist die Zufahrt gesperrt (dann Shuttlebus); zu Fuß vom Parkplatz hinter Vals knapp 1 Std. bis zur Fanealm, am schönsten über den „Milchsteig".
CHARAKTER | Hochalpine Gipfelüberschreitung auf teilweise rauen Wegen; Trittsicherheit und Ausdauer unerlässlich, Abstieg bei Nässe unangenehm rutschig. Lohnend ist auch die Wanderung zum Wilden See (2532 m), hin und zurück 4:30 Std.

Hoch ist sie und „wild" soll sie sein, die Kreuzspitze; das könnte so manchen abschrecken. Doch keine Angst, wer über einen sicheren Tritt und eine gute Kondition verfügt, darf sich eine Besteigung des höchsten Gipfels der Pfunderer Berge durchaus zutrauen – bei gutem Wetter. Dann bietet der Dreitausender auch ein großes, an Kontrastbildern reiches Panorama. Im Norden stehen die vergletscherten Dreitausender des Zillertaler Hauptkamms, am südlichen Horizont reihen sich Dolomitenzacken aneinander, fern im Westen blinken die Gletscher von Adamello, Ortler und Ötztaler Alpen, und über dem Dunst des Südtiroler Unterlands sind sogar ein paar Höhenzüge der Gardaseeberge auszumachen.

Start

Der Anstieg beginnt auf einer Sandstraße, führt von der idyllischen **Fanealm** 01 (1739 m) in die wilde Klamm der Schramme, dahinter links ins weiträumige Almrevier des Seebachs.

An der **Labesebenalm** 02 (2138 m) endet die breite Piste; ein sehr gut markierter Weg führt weiter ins Talinnere, dann über einen grasigen Hang schräg bergan. An der Verzweigung unter der Gansörscharte hält man sich rechts und folgt der Spur, die an der recht abschüssigen Seeleite (Vorsicht!) entlang zum **Wilden See** 03 (2532 m) führt.

Von seinem Westufer kurz hinauf zum „Pfunderer Höhenweg", der vom nahen Sengesjöchl herüberkommt. Mit ihm nur ganz kurz bis zur nächsten Gabelung: hier links durch einen steinigen Graben hinauf ins Karjöchl (2917 m). Aus der Scharte über Geröll und leichte Schrofen zur **Wilden Kreuzspitze** 04 (3132 m). Vom Gipfel leitet eine deutliche Spur über die Südostflanke

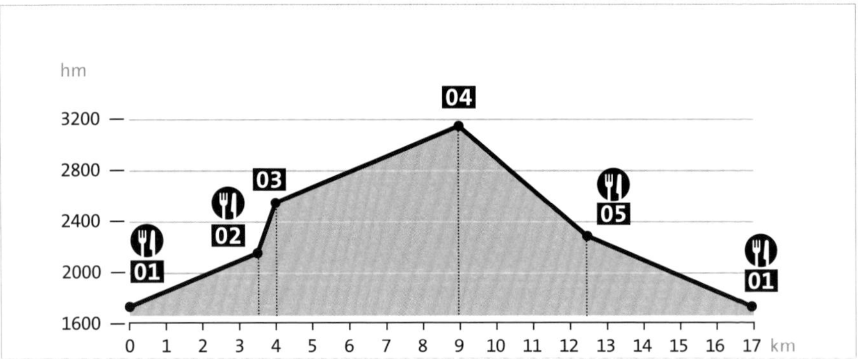

01 Parkplatz Fanealm, 1720 m; 02 Labesebenalm, 2138 m; 03 Wilder See, 2532 m; 04 Wilde Kreuzspitze, 3132 m; 05 Brixner Hütte, 2270 m

Herbstschnee am Gipfel der Wilden Kreuzspitze

der Wilden Kreuzspitze hinab ins Rauhtaljoch (2808 m). Nun weiter den Markierungen folgend durch das Rauhtal (das seinen Namen durchaus verdient!) abwärts. Unter den Geröllmassen versteckt sich hier ein winziger (aber ungefährlicher) Gletscherrest.

In steilen Kehren steigt der Weg ab in den weiten Boden der Pfannalm, biegt dann im Flachen nach Süden ab. Bald schon kommt die 1973 erbaute **Brixner Hütte** **05** (2270 m) in Sicht; von ihrer Terrasse geht der Blick übers Valser Tal bis zum fernen Zackenprofil des Langkofels. Der weitere Abstieg führt über die Pfannalm (2141 m) hinunter zur Schramme, wo man auf den Anstiegsweg stößt. Auf ihm zurück zur **Fanealm** **01**.

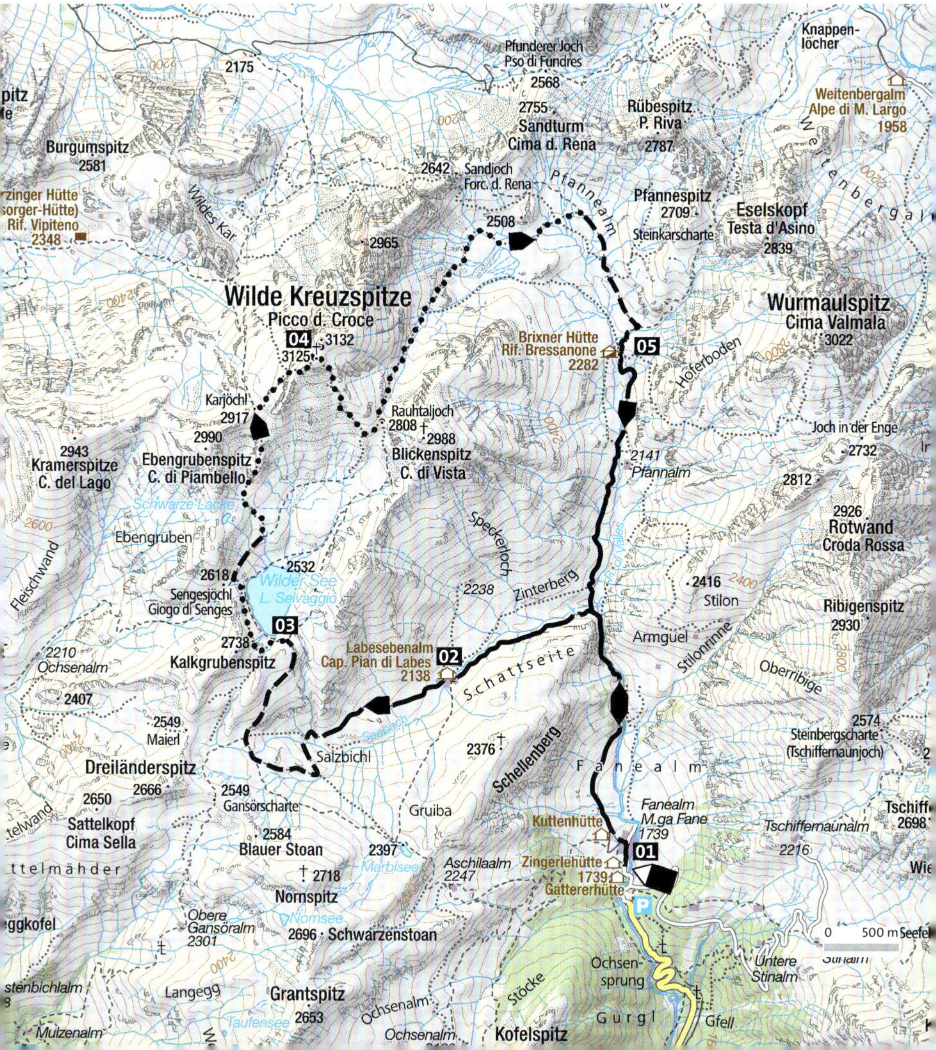

Blick von der Wilden Kreuzspitze Richtung Süden

38

Im Pustertal: Terner Mühlen

Wasserkraft erleben

4,5 km
01:30 h
260 hm
260 hm

START | Terenten (1171 m), 6 km von Niedervintl
CHARAKTER | Ausgedehnter Spaziergang auf guten Wegen, bestens für Familien geeignet.

Früher drehten sich oberhalb von Terenten die großen Mühlräder, angetrieben von der Kraft des Wassers, wurde das Korn von mächtigen Mahlsteinen zerrieben. Ein halbes Dutzend dieser sehenswerten Zeugen aus vergangenen Zeiten steht im Graben des Terner Bachs, und während des Sommers (Mitte Mai bis Ende Oktober) wird jeden Montag eine Anlage in Betrieb genommen, fließt das Wasser für ein paar Stunden auf die mächtigen Holzräder, setzt sich das Mahlwerk in Bewegung (10 - 14 Uhr zugänglich, auch Führungen).

Noch viel älter als die Mühlen sind die Erdpyramiden im Graben des Terner Bachs, und ein paar Jahrhunderte hat auch der Flitschhof auf dem Buckel, was man seinen von Wind und Wetter gezeichneten Holzbalken auch ansieht.

Start

Bereits am **Parkplatz** 01 mitten im Ort weist ein Schild zum „Terner Mühlenweg". Man folgt der vorzüglichen Beschilderung über die Hauptstraße in den Graben des Terner Bachs. Am Wasser entlang führt der Spaziergang bergauf. Bald kommt die erste der insgesamt sechs liebevoll restaurierten Mühlen ins Blickfeld, dann die zweite (Tolden-Mühle). Rechts zeigen sich die bizarren Türme der Erdpyramiden; bis zu den vier höher am Terner Bach stehenden Mühlen ist es dann nicht mehr weit. Bei der **Hansleitner-Mühle** 02 geht's rechts übers Wasser und ein Stück weit mit dem „Panoramaweg" am Waldrand entlang. Im Südosten zeigen sich am Horizont einige Dolomitengipfel, im Südwesten Erhebungen der Sarntaler Alpen. Der „Flitschweg" leitet abschließend hinab und zurück ins Dorf und zum **Parkplatz** 01.

Pustertaler Sonnenstraße

Über das Mittelgebirgsplateau, das sich von der Mündung des Pfunderer Tals ostwärts bis zum Brunecker Talkessel erstreckt, verläuft eine gut ausgebaute Straße mit werbewirksamer Bezeichnung, von Niedervintl via Terenten und Pfalzen nach Bruneck. Sie ist Ausgangspunkt für lohnende kleine Ausflüge, beispielsweise zum Issinger Weiher (912 m) oder zum gotischen Kirchlein St. Martin (1173 m).

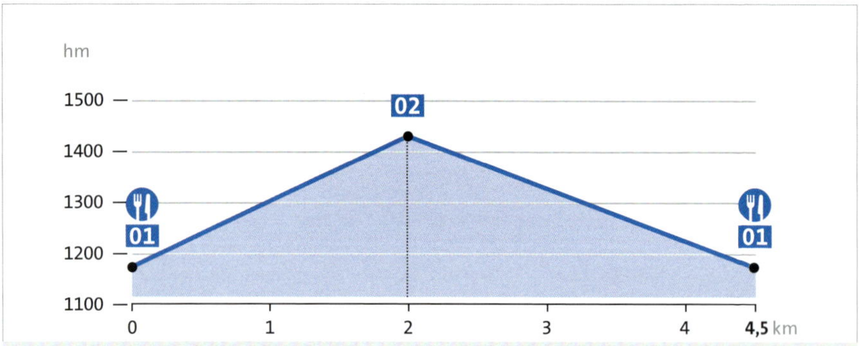

01 Terenten, 1171 m; 02 Hansleitner-Mühle, 1427 m

Wasserkraft, sinnvoll genutzt: Terner Mühle

39

Von Kiens nach Pfalzen

Wald und Wiesen, dazu ein idyllischer Weiher

START | Parkplatz (835 m) bei den Tennisplätzen von Kiens; Zufahrt von der Ortsmitte über die Straße nach Issing.
CHARAKTER | Familienfreundliche Wanderrunde mit wenig Steigung, auf der zweiten Weghälfte viel Schatten. Issinger Weiher mit Bademöglichkeit. Sehenswert: die Kirchen von Issing und Pfalzen.

13 km
03:30 h
320 hm
320 hm

Im Gegensatz zum verkehrsgeplagten Pustertal bietet die Sonnenterrasse mit den Ortschaften Terenten und Pfalzen viel Ruhe, dazu die Möglichkeit zu schönen, nur wenig anstrengenden Wanderungen.

Ein beliebtes Ausflugsziel ist der Issinger Weiher, der im Sommer angenehme Badetemperaturen aufweist. Für Kids eine Herausforderung: der Hochseilgarten in Seenähe. Wer lieber festen Boden unter den Füßen hat, besucht vielleicht die Latschenölbrennerei und den Kräutergarten Bergila am Issinger Weiher.

Vom **Parkplatz** 01 (835 m) über die Issinger Straße und mit der Markierung 1 ansteigend zum **Issinger Weiher** 02 (912 m). Weiter auf Weg Nr. 5 nach **Issing** 03, dessen Kirche – ein schöner Bau mit spitzem Turm – im 18. Jahrhundert innen brutal barockisiert wurde. Auf der Dorfstraße links zur Pfalzner Straße und unter ihr hindurch. Auf einem asphaltierten Feldweg leicht ansteigend zum „Pfaffensteig", der mit viel Aussicht hinüber läuft nach **Pfalzen** 04 (1022 m). Zwei bedeutende Persönlichkeiten der Südtiroler Geschichte stammen vermutlich aus Pfalzen: der Minnesänger und Politiker Oswald von Wolkenstein (Burg Schöneck, 1376–1445) und Michael Pacher (Mühlen, 1435–1498), ein begnadeter Maler und Bildhauer der Spätgotik.

Start

Man spaziert durch das Dorf hinunter zur Hauptstraße und überquert sie zur Sportzone. Hier kurz ostwärts zum Fernheizkraftwerk. Gleich dahinter zweigt der Weg nach Lothen ab. Zunächst leicht ansteigend, führt er in den Lärchwald, der seinen Namen durchaus zu Recht trägt. Neben vielen Lärchen stehen in dem prächtigen Wald auch Kiefern und vereinzelt stattliche Fichten. Absteigend erreicht man den aus wenigen Häusern bestehenden Weiler **Lothen** 05 (961 m), einen bekannten archäologischen Fundort. Am nahen Burgkofel (997 m) wurde ein Gürtelblech mit rätischer Inschrift gefunden; Relikte aus der Römerzeit lieferte das benachbarte Fassing.

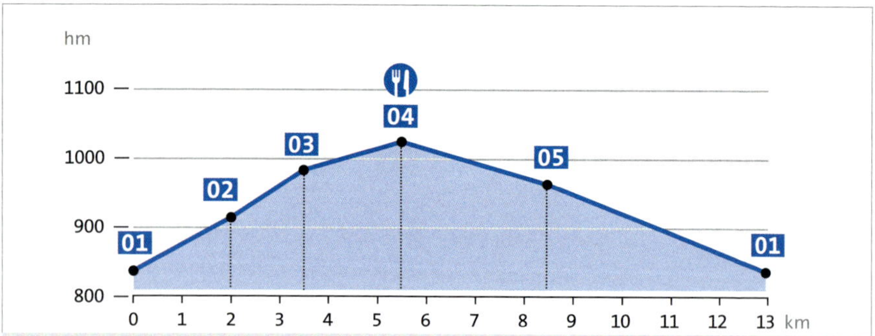

01 Parkplatz Kiens, 835 m; 02 Issinger Weiher, 912 m; 03 Issing, 981 m; 04 Pfalzen, 1022 m; 05 Lothen, 961 m

Am Rückweg nach Kiens; Blick auf Ehrenburg mit seinem Schloss

Der Rückweg führt ohne größere Höhenunterschiede westwärts zum Liensberger Hof (943 m). Mit freier Sicht auf Ehrenburg, das jenseits der Rienz liegt und von seinem mächtigen Schloss überragt wird, geht's dann hinab und hinüber zum Moarbichl. Zuletzt verlässt man die Straße und spaziert am Waldrand entlang zurück zum **Parkplatz** **01** am Ortsrand von Kiens.

Die Sichelburg

Die Mauern der Sichelburg in Pfalzen sind uralt, die getäfelten Stuben sorgen für eine behagliche Atmosphäre, und was aus der Küche kommt, schmeckt nach einer Wanderung besonders gut. Im Sommer kann man auch draußen sitzen, die Mauern der Burg im Rücken und vor sich die Weite der Pustertaler Landschaft.

Restaurant Sichelburg,
Burgweg 1A, Pfalzen;
Tel. +39 0474 055 603,
www.sichelburg.it

zus. Infos: Öffnungszeiten Küche:
12:00 Uhr -13:30 Uhr, 19:00 Uhr -21:00 Uhr
Ruhetag: Mittwoch und Donnerstag (Juli, August und Dezember auch Donnerstag Abend geöffnet)

40

Über den Sambock • 2396 m

Aussichtswarte über dem Brunecker Talkessel

START | Platten (1608 m), Hofgruppe am Sonnenhang über Pfalzen, Anfahrt von Pfalzen, 6 km. Parkmöglichkeit.
CHARAKTER | Beliebte Gipfeltour, bis zum Sambock leicht, am felsigen Nordgrat dann Sicherungen. Abstecher zum Windeck markiert, 30 Minuten hin und zurück.

10,5 km
04:00 h
820 hm
820 hm

Der Sambock bildet sozusagen das westliche Gegenstück zum Rammelstein, der sich im Nordosten des Brunecker Talkessels erhebt.

Beide Gipfel bieten ein sehr kontrastreiches Panorama, das vom gletscherweißen Zillertaler Hauptkamm bis zu den Dolomiten reicht, dazu packende Tiefblicke in den Brunecker Talkessel, beide besitzen einen felsigen Nordgrat und beide lassen sich auf markierten Wegen überschreiten. Etwas kürzer ist die Runde über den Sambock, die sich aber erheblich erweitern lässt, beispielsweise westwärts auf dem „Pfunderer Höhenweg". Nicht versäumen sollte man bei guten Sichtverhältnissen den kleinen Abstecher zum Windeck (2418 m), allein schon des stimmungsvollen Tiefblicks auf Sand in Taufers wegen.

Start

▶ Die Tour startet eher gemütlich, führt auf einer Waldstraße, deren Kehren sich abkürzen lassen, von **Platten** 01 (1608 m) überwiegend schattig bergan. Im Stockerwald verlässt man die Sandpiste nach links (Hinweis „Sambock"). Über einen steilen Hang zieht der Weg hinauf gegen das große Kreuz **„Auf der Platten"** 02 (2175 m), das links abseits bleibt, und weiter über den breiten Rücken, der erst zuletzt wieder stärker ansteigt, zum Gipfel des **Sambocks** 03 (2396 m).

Die Fortsetzung der Tour folgt dem recht felsigen Nordgrat, der an einigen Stellen mit Drahtseilen versehen ist, mit einigem Auf und Ab bis zur Abzweigung zum Windeck (2418 m).

Nun links über die **Bruggerspitze** 04 (2428 m) in eine namenlose Gratsenke. Der „Pfunderer Höhenweg" läuft weiter westwärts dem vielgipfligen Kamm entlang; links leiten Markierungen über Wiesenhänge hinunter zu den kleinen Plattner Seen (2258 m). Weiter talabwärts zur **Plattner Alm** 05 (2091 m) und auf einer Straße im Wald zurück zum Ausgangspunkt der Tour bei **Platten** 01.

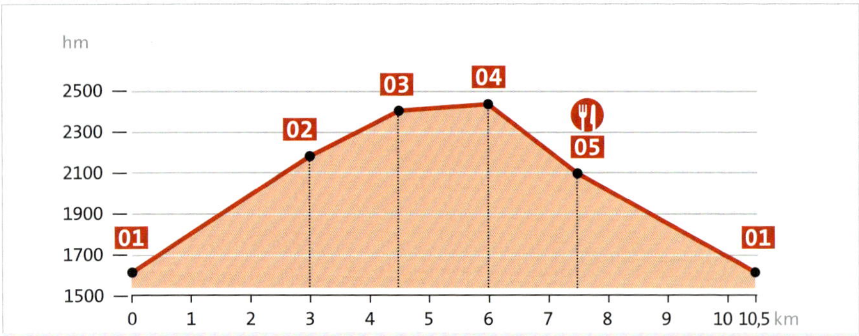

01 Platten, 1608 m; 02 Auf der Platten, 2175 m; 03 Sambock, 2396 m; 04 Bruggerspitze, 2428 m; 05 Plattner Alm, 2091 m

Der Blick über den Sambock Richtung Südosten

SÜDTIROLER KNÖDEL

Du muasch amol a poor Kneidl essen!

Knödel, ein Südtiroler Nationalheiligtum. Ein Knödel kann trösten, sättigen und sogar Weltfrieden stiften – zumindest, wenn man genug davon isst. Aber was macht den Südtiroler Knödel so besonders?

Es fängt schon bei der Zubereitung an

Jede Familie hat ihr eigenes Geheimrezept, das gehütet wird wie der Augapfel. Die einen schwören auf altbackenes Brot, die anderen auf gereifte Speckwürfel vom lokalen Bauer, die dritte auf eine geheime Kräutermischung. Und wehe, man fragt nach dem Rezept!

Aber egal, wie er zubereitet wird: Der Südtiroler Knödel ist immer ein Genuss.

Aber Achtung: Knödel können süchtig machen! Wer einmal auf den Geschmack gekommen ist, kann nicht mehr genug davon bekommen. Wer zu viele Knödel isst, riskiert ein Knödelkoma!

Natürlich nur Schwachsinn, Knödel kann man laut den Einheimischen Südtiroler nie genug essen, sie sind ein typisches südtiroler Kraftfutter: Kinder und Jugendliche werden regelrecht von Muttis und Omas dazu aufgefordert genug Knödel zu essen, damit sie "groaß und stork wearn".

Hosch an Hunger?

OMA MOIDLS KNÖDELTIPPS:

- Speckknödel schmecken am besten in der Suppe oder mit Gulasch.
- Käseknödel und Spinatknödel muss man probiert haben (Mit Butter!!)
- Leberknödel sind nicht jedermanns Sache, aber einen Versuch wert.
- Für eine ganzheitliche Knödel-Erfahrung: Bestelle einen “Knödeltris”
- Für die Süßen: Marillenknödel sind so gut, wie sie selten zu finden sind.
- ACHTUNG: Schneide Knödel niemals mit einem Messer auf, ansonsten gibt's Ärger! Ein anständiger Knödel sollte mit der Gabel leicht zertrennbar sein.

ZUM VIDEO

41 Neveser Höhenweg

Im Vorfeld der Gletscher

START | Neves-Stausee (1856 m), schmale, mautpflichtige Zufahrt von Lappach, 5 km. Parkplätze am Ostufer des Sees.
CHARAKTER | Ausgedehnte Runde in hochalpiner Kulisse, die neben Ausdauer einen sicheren Tritt verlangt. Die Querung der Gletscherbäche kann an heißen Sommer-Nachmittagen problematisch werden.

19 km
07:15 h
980 hm
980 hm

Über dem Talschluss von Neves stehen einige der ganz großen Gipfel des Zillertaler Hauptkamms: Hoher Weißzint (3370 m), Großer Möseler (3479 m) und Turnerkamp (3420 m). Eine große Kulisse also, und starke Eindrücke vermittelt auch der „Neveser Höhenweg", obwohl er Abstand hält zu Gipfeln und Gletschern. Letztere sind seit Jahrzehnten auf dem Rückzug, der Große Möseler lässt sich fast schon „trockenen Fußes", also ohne Eiskontakt, besteigen. Nasse Füße gibt es dafür gelegentlich auf dem „Neveser Höhenweg", wenn die Gletscher in der Sommersonne schwitzen und ihre Abflüsse anschwellen. Deshalb wurde der Weg vor ein paar Jahren abschnittsweise neu trassiert.

Die große Runde startet am **Neves-Stausee** 01 (1856 m). Über die Staumauer ans Westufer, dann auf der Sandpiste bis zur Mündung des Pfeifholdertals. Hier links (Hinweis) und in lichtem Wald, später über Almböden hinauf ins **Eisbruggjoch** 02 (2545 m), wo die neue, im Jahre 2016 eröffnete **Edelrauthütte** steht.

Start

Sie ist westlicher Ausgangspunkt des Höhenwegs. Er quert, leicht an Höhe verlierend, die felsdurchsetzten Hänge unter dem Weißzintkar, biegt dann um zu den Wasserböden. Dahinter geht es nochmals leicht bergab gegen die Seegrube. Im steinigen Vorfeld des Westlichen Nevesferners folgt ein längerer **Anstieg** 03 (bis ca. 2630 m), anschließend quert der neu trassierte Weg zur Zunge des Östlichen Nevesferners. Man passiert den Geröllboden nach Süden und steigt schließlich ab zum **Nevesjoch** 04 (2407 m). Etwas oberhalb der Scharte steht die Chemnitzer Hütte (2419 m).

Aus dem Nevesjoch geht es zunächst bergab in den Nevesboden, dann flach hinaus zur Oberen Nevesalm (2134 m). Nun wahlweise auf der in Kehren verlaufenden Erschließungsstraße oder auf dem Wanderweg hinunter zum **Neves-Stausee** 01. Auf der Uferstraße zurück zum Ausgangspunkt.

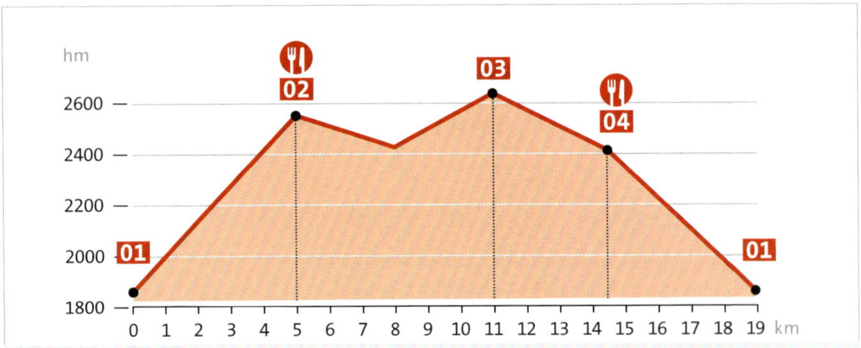

01 Neves-Stausee, 1856 m; 02 Edelrauthütte, 2545 m; 03 Punkt, 2630 m; 04 Nevesjoch, 2407 m

Querung eines Gletscherbachs unter dem Nevesferner

42

Zur alten Schmugglerroute im Ahrntal

Aussichtswanderung über dem innersten Ahrntal

20 km
07:15 h
1100 hm
1100 hm

START | Kasern (1592 m), oberstes Dorf im Ahrntal, 27 km von Sand in Taufers.
CHARAKTER | Herrlich aussichtsreicher Höhenweg am Zillertaler Hauptkamm, vor mehr als hundert Jahren von der AV-Sektion Lausitz angelegt. Zustieg über den historischen Tauernweg. Kondition und Trittsicherheit unerlässlich, kurze gesicherte Passagen.

Start

Die große Tour beginnt gemütlich als Straßenwanderung, führt von **Kasern** 01 (1592 m) zunächst taleinwärts nach Trinkstein (1667 m), wo Ausflügler gerne ein- und umkehren. Wenig weiter zweigt links der alte **Tauernweg** 02 (1729 m) ab.

Er steigt hinauf zur Tauernalm (2018 m) und dann in vielen weiteren, kunstvoll trassierten Kehren über die Saugrube zum Krimmler Tauern (2633 m).

Eine Gedenktafel erinnert an den Zug von Juden nach dem Ende des Zweiten Weltkrieges. Sie kamen als Flüchtlinge über den Pass auf dem Weg nach Israel, ihre neue Heimat.

Wenig unterhalb des Passes stößt man auf den Lausitzer Höhenweg. Mit ihm rechts zur ehemaligen **Neugersdorfer Hütte** 03 (2567 m). Die AV-Sektion aus der Lausitz würde sie gerne wiedereröffnen; die Finanzieri weigern sich aber bislang, das Haus ans Land Südtirol zurückzugeben.

Der Lausitzer Höhenweg quert, in etwa die Höhe haltend, das steinige Kerrachkar. Blickfang ist die Dreiherrnspitze (3499 m), die sich majestätisch über dem Talschluss aufbaut. Am Ansatzpunkt der Pfaffenschneide folgt eine kurze gesicherte Passage, „Teufelsstiege“ genannt (Holzstufen, Drahtseil).

In einem weiten Bogen geht‘s unter dem Klockerkarkopf (2912 m), bei den Italienern Vetta d'Italia, hindurch. Ettore Tolomei verdanken die Südtiroler diese „Auszeichnung“.

Nach kurzem, wenig steilem Abstieg erreicht man die **Birnlückenhütte** 04 (2441 m). Sie hat ihren Namen von dem nahen Übergang in den Salzburger Pinzgau. Hier beginnt der lange Talabstieg bzw. Rückweg. Versüßt wird er durch mehrere, im Sommer bewirtschaftete Almen, die zur Pause und Stärkung einladen. In **Kasern** 01 endet eine große und großartige Tour.

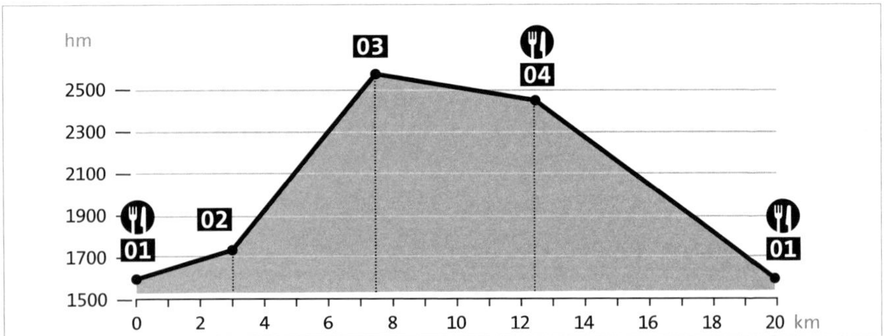

01 Kasern, 1592 m; 02 Abzw. Tauernweg, 1729 m; 03 Neugersdorfer Hütte, 2567 m; 04 Birnlückenhütte, 2441 m

Die Heilige Geist Kirche im hinteren Ahrntal

Stützpunkt an der großen Runde: die Birnlückenhütte

Sonntaglahnerkopf
2690
Rainbachköpfl
Nadelspitze
2972
2697
2802
Warze
Käferfeld
Tröger
Südliche Zillerscharte
(Rheydter Spitze)
Keesfeldschneid
Rainbachspitze
Marcherkar
Hohenaukar
3129
Keeskar
Waldlahner
Hohenau-kees
Zillerplattenspitze
Hohenaualm
1868
3148
Marcherklamm
Zillerplattenscharte
2880
Archbühelkopf
2712
Kleinkar (Schafkar)
Zillergründl
Grüner Lahner
2475
Seekarkogel
(Keeskarkopf)
Eissee
2106
Schattseitbach
Tauernleiten
2916
2569
Seewlaser Schneid
2854
Keeskees
Oberer Kessel
Keesflecke
Schönangerl
Seewl
Oberboden
2467
Rauchkofelkees
Unterer Kessel
Kl. Tauern
3053
Krimmler Tauern
Passo dei Tauri
03
Dreiecker
Schöntaljöchl
Schüttalkopf
2633
Schneesöge
Dreiecker Kees
2892
2632
3147
Marchsteinjöchl
Heilig-Geist-Jöchl
Forcella di Campo
2658
Südl.-Windbachspitze
2773
Schüttaler Schneid
Rauchkofel
M. Fumo
2766
2867
3251
Winkelscharte
Geleregg Schneide
Schwarzkopf
2666
2629
2857
2353
Marchsteinkar
Winkelkopf
2218
Schroppa
Saugrube
2876
2752
2465
Rinderflecke
Gamsspitz
2566
2157
2773
2681
2682
2583
Nase
2350
Im Kar
Schöntal
2032
02
Marchsteinboden
Wieser Lahner
Notdurfteralm
2025
2643
Sauwipfel
2534
2385
Lenzwiese
Fuchsalpe
Adleralm
Trinkstein
Jägerhütte
1667
Platta
Archbichl
2070
1979
2414
2029
Starklalm
Fuchsalm
1972
Labesaualm
1757
Plattakopf
Schluechalm
Ob. Waldneralm
2236
Kaseralm
2043
Talschluss-hütte
Waldner Alm
Am Archl
Prastmann
Wieser Oberhütten
2055
2265
Wieseralm
Grantegg
Heilig-Geist-Kirchlein
S.Spirito
Am Sam
Langackerer
Waldner Eggen
Moaraalm
1989
01
Pförraspitz
Ameisberg
Naturpark-Information
Kasern
Casere
1582
Möserer
Hirbenkopf
2578
Großbach Knappenegg
Im Pförra
Lascheben
1608
Waldneralm
2068
Rötschneide
Ortner Alm
1935
Ebner Stall
1599
2605
Rötkreuz
Hüttenkopf
1924
Wieser Berg
1819
Neuhaus
Ahr
Aurino
Rötalm
2116
Holzer Alm
Bruggeralm
1940
Prettau
Predoi
Weiherhof
1449
Merbkofel
Rötkofel
Röttal
Bacher
Innere Rota
2125
Rindertal
Holzer
1488
Merb-Alm
2006
Moschbachwand
Antratt
St. Maria
1518
Kofelberg
2560
Pipri̇gkofel
Innerpichler
Feldleiten
Gebauer Ötschen
Lenkgraben
Rötflecke
Samer
621
2749
Steger Brücke
Steger
Innerpichl Alm
Kleiner Ötschen
Steger Berg
Riepe
2727
Untere Lenk
Gruber
Bacher Ställe
1994
2390
Merbspitze
P. Merbe
Sandraine
Obere Lenk
Merbalm
Gamslahner
Wasserböden
2539
3090
Alprechthöfe
Stegeralm
1973
2068
2245
Lenkalm
Rötfleckscharte
2855
2620
Alprechtal
Hoferalm
Stegerötschen
Löff

Schmuskopfe
Jaidbachalm
1699
Zubringer-TAXI
2618
Schlieferkar
Schlieferköpfe
Gamsspitzl
2539
Schlachterkarl
Geißlerkar
2765
Sonntagskar
Schlachtertauern
Hochleger
2008
Sonnwand
Leckerkopf
2477
Wiederkar
2750
Geißlerlahner
Krimmler Ache
Äußere Keesalm
1753
2820
Wagner
2552
Glockenkar
1810
Innere Keesalm
2526
2611
Steinkarklamm
Kuhflecke
Glockenkarkees
Klockerkarkopf
Zwillingsköpfe
Steinkar
Warnsdorfer Hü
2911
2835
Steinkarkees
Pfaffenschneidkopf
2841
Steinkarspitze
Dreieck
2041
2834
2914
2869
Der Hohe
Pfaffenscharte
2710
Pfaffenschneide
2691
Lahnacher Wand
2665
Bimlücke
(Forc. del Picco)
Grasleiten
2631
Wilde Bockeggen
Grasleitenkopf
Wasserfallkopf
Luig
Sonntaglahner
04
Birnlücken-Hütte
Rif. Brigata Tridentina
2441
2954
Grasleitenschneide
Lahner Moos
2592
Prettaukees
Vedretta di Predoi
3059
Nieschen
Oberstall
Kehreralm
1842
Lahneralm
1979
Sandrain
Lahner Alm
2807
Dreiherrnspitze
Picco dei Tre Signori
2883
Burg
3429
2569
3499
Lahner Schneid
Äußeres Lahnerkees
Vedretta di Lana
3335
Birnfeld
Tröger
2808
Althausschneid Spitz
Kerrakar
2563
3225
Althausschneide
Achsel
Kl. Gamstod
Westl.
Östl.
3200
Althauskees
2621
Inn. Hohe Warte
3020
Gamstod
Achselwand
2720
2847
Hoher Rosshuf
Sauspitzl
2882
Umbalkees
Wiesplatte
Keesflecke
Valle del Vento
Sandrain
Hinteres Umbaltörl
Steinigelahner
2843
Ahrner Kopf
3051
Dauml
Gruipa
Burgl
Vorderes Umbaltörl
2926
Essener Eck
3006
Ader
2871
Rainhartspitz
2726
2885
Lenkjöchl
Lenkjöchlhütte
Rif. Giogo Lungo
2603
Kleine Philipp-Reuter-Hütte
2677
Rötseen
Hafenleiten
Untere Rötspitze
Rötkees
3289
Rossa
2877
Rötspitze
Pizzo Rosso
Bökees
Kemetspitze
Rotenmannjoch
3496
2126
2887
0
500 m
Kleiner Löffelspitz
3004
3045
Kemater Scharte
Welitzscharte
3181
Schwarzach
Zunagl
Steing

43

Die Rote Wand • 2818 m

Aussichtskanzel über dem Staller Sattel

10,5 km
05:00 h
950 hm
950 hm

START | Staller Sattel (2052 m), Übergang vom (Südtiroler) Antholzer Tal ins (Osttiroler) Defereggental. Verkehr ab Antholzer See zeitlich geregelt; Bergfahrt im dritten, Talfahrt im ersten Viertel jeder Stunde.
CHARAKTER | Recht alpine Gipfeltour, Trittsicherheit unerlässlich! Vom Gipfel faszinierender Tiefblick auf den Antholzer See, darüber der Hochgall (3436 m), Hauptgipfel der Rieserfernergruppe.

Die Rote Wand gehört zu jenen Gipfeln, die vor allem der Aussicht wegen besucht werden. Blickfang im Panorama ist die steinerne Phalanx der Rieserfernergruppe mit Hochgall und Wildgall, die sich urgewaltig über dem tiefgrünen Spiegel des Antholzer Sees aufbaut; im Süden steht das Sägezahnprofil der Dolomiten. An besonders klaren Tagen, etwa im Herbst oder wenn der Nordföhn vom Alpenhauptkamm herab bläst, zeigt sich fern im Westen der weiße Dom des Ortlers (3905 m), im Südosten der höchste Gipfel Sloweniens, der Triglav (2864 m).

Vom **Staller Sattel** 01 (2052 m) wandert man auf gutem, nur leicht ansteigendem Weg in das sich von Süden öffnende Agsttal. Dabei gibt die Regelspitze (2775 m) zunächst die Richtung vor: südwärts! Noch nicht zu sehen ist die Rote Wand; ihr kreuzgeschmückter Gipfel kommt erst im Talinnern ins Blickfeld. Hier gabelt sich der Weg: geradeaus zur Hexenscharte, rechts zur Roten Wand. Wer sich nicht mit unfreundlichen, auf Besen reitenden Weibern anlegen will, folgt den Markierungen durch das einsame Hochkar, aus dem da und dort ein dunkles Seeauge blinkt, bergan.

Start

Zuletzt geht es aus einer kleinen Scharte über Schrofen und leichte Felsen zum Gipfelkreuz an der **Roten Wand** 02 (2818 m).

Der Abstieg folgt zunächst kurz dem Westgrat, leitet dann (Hinweis) in die felsige Nordflanke. Bestens markiert über den steilen Hang abwärts ins Blockgelände und über die ausgedehnten Almböden von Hintermontal weiter talwärts, zuletzt auf guter Spur zwischen Alpenrosenfeldern.

Bei der **Oberen Steinzgeralm** 03 (2076 m) wird aus dem Ab- nochmals ein (gut rund 30-minütiger) Anstieg hinauf in einen weiten Wiesensattel (2261 m). Jenseits abwärts ins unterste Agsttal und auf dem Hinweg zurück zum **Staller Sattel** 01.

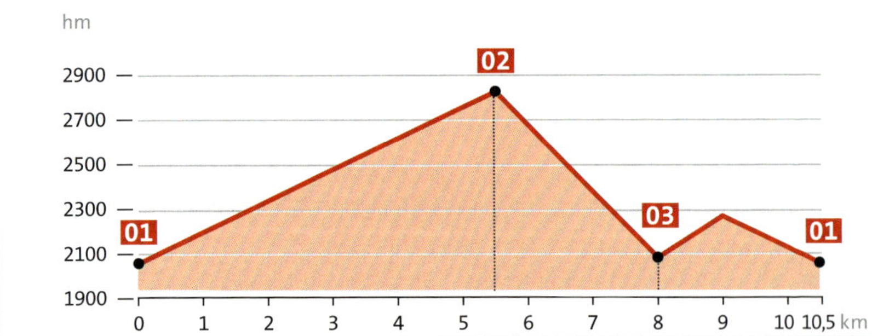

01 Staller Sattel, 2052 m; 02 Rote Wand, 2818 m; 03 Obere Steinzgeralm, 2076 m

Blick auf den Antholzer See vom Staller Sattel

44

Kronplatz • 2275 m

Der Hausberg von Bruneck

START | Bergstation der Kronplatz-Seilbahn (2274 m), Talstation bei Reischach (953 m) südlich von Bruneck.
CHARAKTER | Gemütlicher Höhenspaziergang mit viel Aussicht und nur wenig Steigung.

7 km
02:15 h
280 hm
280 hm

Für Sonnenanbeter auf zwei Brettern mag der Kronplatz ein Paradies sein; dem Besucher in der warmen Jahreszeit bietet er vor allem starke Kontraste. Da ist einmal das altberühmte Panorama, von dem schon Paul Grohmann sehr angetan war. Er lobte die Aussicht als eine der bezaubernsten der Dolomiten, „und kein Gipfel, den ich kenne, vereinigt wieder die beiden Gegensätze Marmolata und Zillertaler Ferner in solcher Weise mit der schönsten Talaussicht, die man sich denken kann“.

Dazu passt das neue Museum LUMEN bestens, das die Bergfotografie thematisiert. Es ist in der umgebauten Bergstation der alten Gipfelseilbahn untergebracht.

Eine 18 Tonnen schwere Friedensglocke mit begehbarer Panorama-Plattform krönt den Berg, und am Westrand des abgeflachten Gipfels ragt ein Gebäude aus dem Untergrund, das nicht nur bei eingefleischten Traditionalisten leichtes Befremden auslösen dürfte: Reinhold Messners Museum Corones, 2015 eröffnet. Wandern kann man natürlich auch am Kronplatz, hinab ins Tal oder rund um den Gipfel. Für eher Gehfaule empfiehlt sich der Concordia-Rundweg (40 Min.), deutlich länger ist der Rundweg Corones.

Start

▶ Er startet an der **Bergstation** 01 der großen Kronplatz-Seilbahn, leitet vom abgeflachten Gipfel in nordöstlicher Richtung hinunter in die Gratsenke (2153 m) vor dem Spitzhorn, dann über eine Straßenschleife weiter abwärts zur neu erbauten **Geiselsberger Hütte** 02 (2080 m). Nun im Uhrzeigersinn auf der Sandstraße – erst etwas an Höhe verlierend, dann wieder ansteigend und zuletzt flach – um den Kronplatzgipfel herum zum **Col Catovi** 03 (2091 m).

Dabei hat man freie Sicht auf das Dolomiten-Panorama, von den Sextenern über die Ampezzaner Dolomiten und die Marmolata bis zum markanten Peitlerkofel. Am finalen Anstieg zur **Seilbahnstation** 01 zeigen sich dann auch nochmals die vergletscherten Zillertaler Dreitausender.

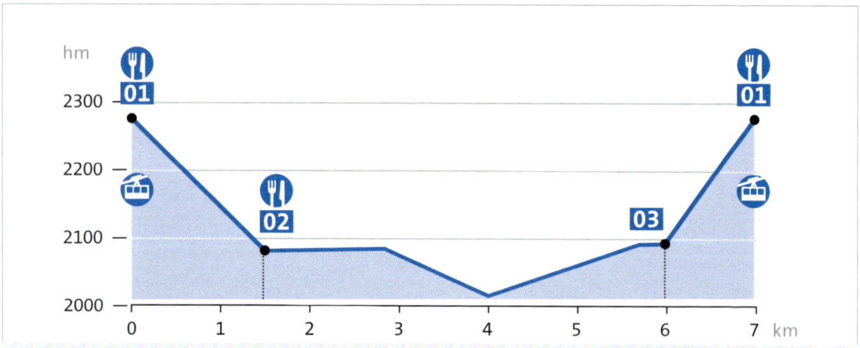

01 Kronplatz-Seilbahn, 2274 m; 02 Geiselsberger Hütte, 2080 m; 03 Col Catovi, 2091 m

Moderne Architektur am Kronplatz: das Museum Corones

Messner Mountain Museum Corones

Seit ein paar Jahren bietet der Kronplatz nicht nur Aussicht auf Dolomiten und Zillertaler Alpen, sondern auch Einblicke in die Geschichte des Bergsteigens. An der Westseite des Gipfelplateaus liegt – halb im Berg – das von der berühmten irakischbritischen Architektin Zaha Hadid (1950–2016) entworfene Museum, das sechste und letzte (?) Haus von Reinhold Messners Mountain Museum. Es ist dem klassischen Alpinismus gewidmet. Geöffnet ist das Museum Corones von Mitte Mai bis Anfang November täglich 10 – 16 Uhr.

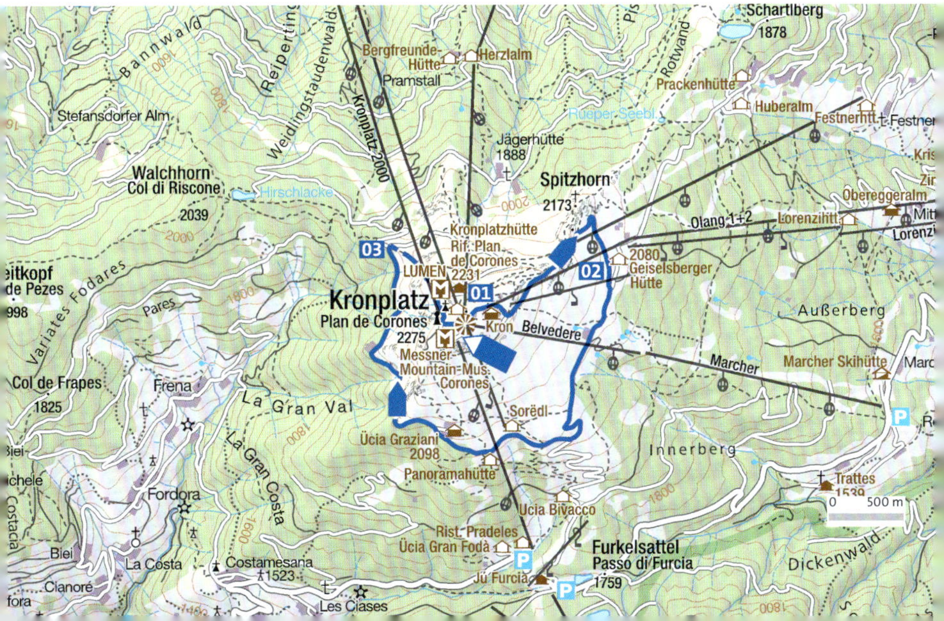

45

Überlaufen aber schön: Zum Pragser Wildsee und über die Pragser Hochalm

Verstecktes Paradies in den Pragser Dolomiten

16,5 km
05:30 h
990 hm
990 hm

START | Parkplätze vor dem Pragser Wildsee. Die Zufahrt wird MItte Juli bis Mitte September gesperrt, sobald sie voll sind!
CHARAKTER | Recht lange Tal- und Höhenwanderung auf markierten Wegen. Abstieg von der Pragser Furkel rau und steil. Die ausgedehnte Hochalm ist Sommerfrische für das Vieh und Pferdeweide; das ganze Jahr über leben auf diesem versteckten Paradies „pfiffige" Nager: Murmeltiere.

Die große Runde über die Hochalm darf man getrost als Geheimtipp bezeichnen, trotz (oder gerade wegen) der Nähe von Pragser Wildsee und Seekofel (2810 m). Da wollen alle hin, die Highlights der Pragser Berge erleben – und gleich nebenan ist der Bergwanderer (meistens) allein. Wie eben auch am Weg über die Hochalm, die weder von Norden, von Olang aus, noch aus dem Grünwaldtal überhaupt zu sehen ist. Umso größer dann die Überraschung, wenn die riesige grüne Schräge nach dem langen Aufstieg ins Blickfeld kommt.

Start

Die Wanderrunde beginnt als Uferspaziergang, führt vom **Parkplatz** 01 (1489 m) auf einem Fahrweg zunächst zum oberen Ende des malerischen Pragser Wildsees, dann rechts ins Grünwaldtal. Man durchwandert es auf seiner ganzen Länge, vorbei an der **Grünwaldalm** 02 (1590 m).

Dabei bieten sich schöne Einblicke in zwei „Herzkammern" der Pragser Dolomiten, ins Seitenbach- und ins Lärchental. Unübersehbar sind die gewaltigen Schuttströme, die aus ihren Flanken herabziehen, klar machen, weshalb diese Berge bei Kletterern keinen guten Ruf genießen. Hinter dem Alten Kaser (1751 m) beginnt der Weg stärker anzusteigen.

Bei den **Hochalmhütten** 03 (2114 m) ist dann eine Pause fällig, ehe man den Weiterweg unter die Füße nimmt. Er tangiert das Joch von Slapadures (2203 m); an dem von Edelweiß übersäten Südrücken des Flatschkofels wird dann – endlich – der Blick auf die Pragser Hochalm frei, die südseitig über mächtige Felsen ins Grünwaldtal abbricht.

Man traversiert die Schräge auf einem guten Weg, erst noch ein wenig an Höhe gewinnend, bis zu der fast drei Kilometer entfernten **Pragser Furkel** 04

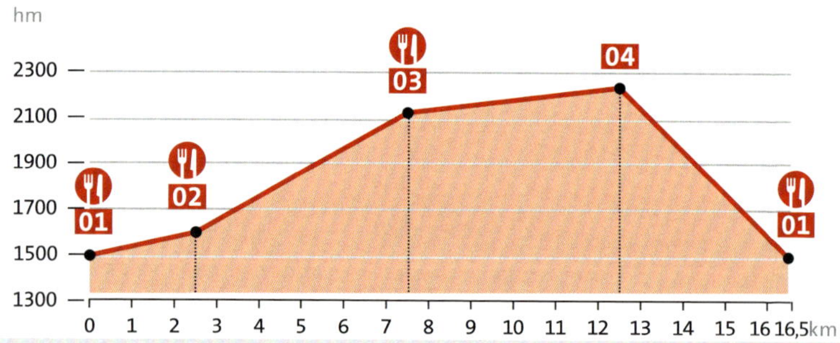

01 Pragser Wildsee, 1489 m; 02 Grünwaldalm, 1590 m; 03 Hochalmhütten, 2114 m; 04 Pragser Furkel, 2225 m

Typisch für die Pragser Dolomiten: brüchiges Gestein und als Folge mächtige Schuttströme

(2225 m) hinüber. Hier, am Randabbruch der Hochalm, haben die Hirten einen Zaun der besonderen Art angelegt: eine Mauer, Stein über Stein aufgeschichtet, die sich gegen den Kaserkopf hinaufwindet. Mini-China in Südtirol?

Der Abstieg zur Kaserhütte ist steil und steinig; wen das Knie zwickt, wird hier froh um seine Wanderstöcke sein. Deutlich angenehmer dann das letzte Wegstück, vorbei am Hof Riedl und zurück zum Parkplatz am **Pragser Wildsee** 01.

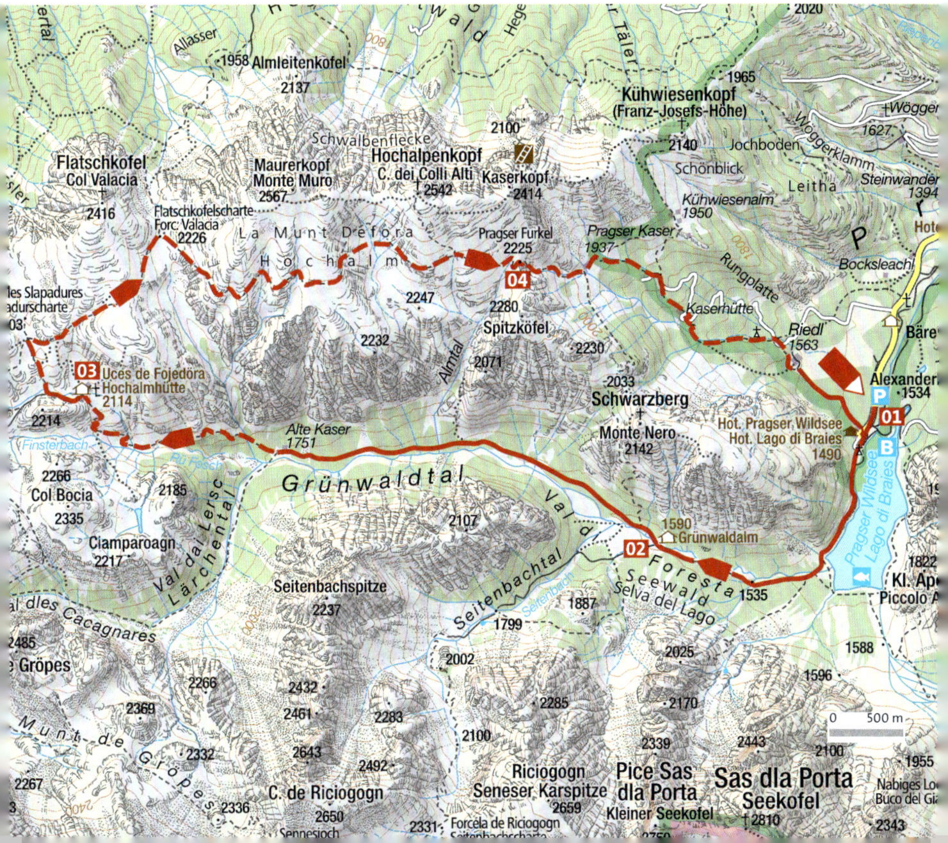

46

Der Gaisl-Höhenweg

Durch die nordseitigen Kare des Gaislmassivs

15,5 km
05:30 h
890 hm
890 hm

START | Wanderparkplatz beim Gasthaus Brückele (1491 m); Anfahrt vom Pustertal via Bad Altprags.
CHARAKTER | Mit Ausgangspunkt Brückele recht lange Tour, Weg nach dem schweren Bergsturz an der Kleinen Gaisl teilweise neu trassiert. Im Bereich der Gaislleite verläuft der Weg über recht ausgesetzte Felsbänder (Sicherungen). Alternativ Einstieg von der Plätzwiese (Bus ab Brückele), dann Gesamtgehzeit etwa 4 Std.

Die Hohe Gaisl (3146 m) dominiert mit ihren ausladenden Felsflügeln die Pragser Dolomiten. Größer, mächtiger ist kein Gipfel zwischen dem Gader- und dem Höhlensteintal. Brüchiger allerdings auch nicht, und davon zeugen neben gewaltigen Schuttströmen, die aus ummauerten Karen bis ins grüne Vorgelände herabziehen, auch ein paar einprägsame Bezeichnungen wie Schlechtgaisl oder Rauhe Gaisl. Ihren italienischen Namen – Croda Rossa – verdankt die Hohe Gaisl jenen Wandausbrüchen, die rötlich leuchten wie frische Wunden. Kein Berg, dem man sich guten Gefühls nähert, doch der Höhenweg, der die Plätzwiese mit der Roßalm verbindet, hält größtenteils respektvollen Abstand zu seinen brüchigen Mauern. Trotzdem wurde er im Sommer 2016 durch einen Bergsturz an der Kleinen Gaisl, bei dem 700 000 Kubikmeter Fels abgingen, komplett verschüttet. Mittlerweile ist er wieder begehbar (im Bereich der Mure neu trassiert).

Start

Vom **Parkplatz** 01 (1491 m) folgt man kurz der Plätzwiesestraße, kürzt dann zwei Schleifen ab und verlässt an der dritten Kehre das Asphaltband endgültig. Auf schönem Waldweg nur mäßig steil in den Stollagraben und hinauf zur schön gelegenen **Stollaalm** 02 (1940 m), wo der Zustieg von der Plätzwiese mündet. Der gut markierte Gaisl-Höhenweg führt zunächst flach in einen Graben, über den Bach und dann erst sanft, später kräftig ansteigend zu den Gumpalböden, einer flachen Talmulde. Dabei hat man freie Sicht auf den Dürrenstein und die Sextener Dolomiten; absoluter Blickfang ist allerdings die Hohe Gaisl, auch beim weiteren Anstieg im Vorfeld des Eiskars. Der Gletscher ist allerdings längst abgeschmolzen, zurückgeblieben sind Moränenbuckel und ein mächtiger Geröllstrom.

Am Höhenweg überquert man einen flachen Höhenrücken, anschließend leitet die Spur hinüber zum Nordgrat der Schlechtgaisl. Dahinter betritt man eine weitere Karmulde, quert sie hinüber zur **Gaislleite** 03 (2257 m). Auf

01 Brückele, 1491 m; 02 Stollaalm, 1940 m; 03 Gaislleite, 2257 m; 04 Roßalm, 2164 m

Was für ein Koloss! Die Hohe Gaisl von der Plätzwiese

teilweise schmalen und luftigen Bändern (Sicherungen) geht's um das Gaisele herum, dann durch das Bergsturzgelände unter der Kleinen Gaisl (2859 m) und weiter zur Sommerwirtschaft auf der **Roßalm** 04 (2164 m).

Der Abstieg erfolgt über einen geschotterten Fahrweg. Er zieht in Schleifen durch schönen Zirbenwald hinab ins Kaserbachtal. Zuletzt wandert man flach hinaus zum Startpunkt der Tour beim **Parkplatz Brückele** 01.

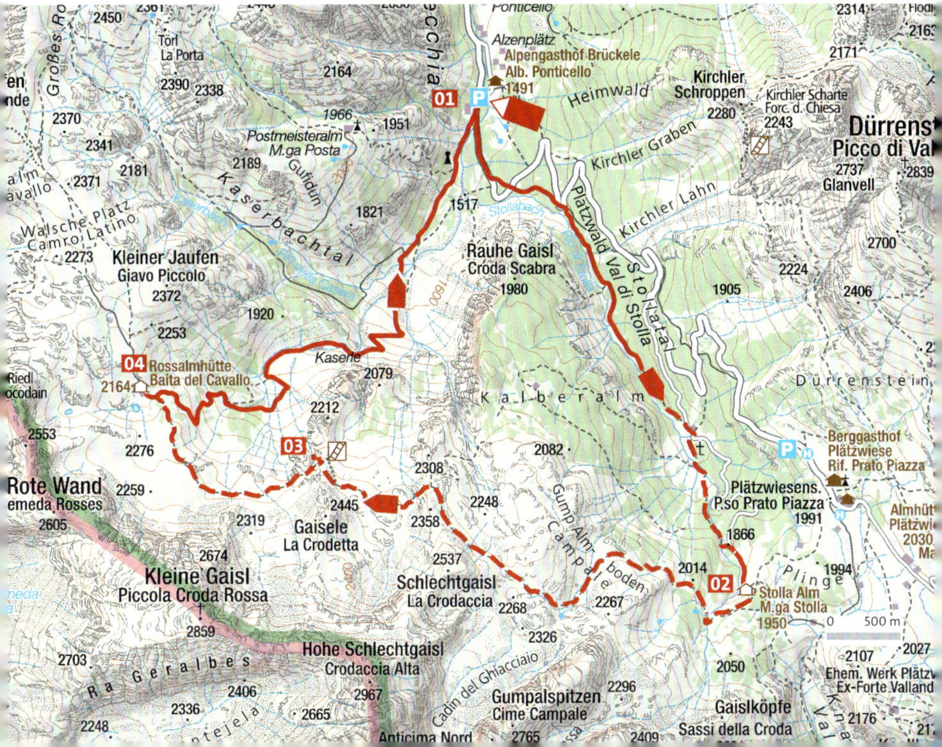

Dolomiten

47 Toblacher Pfannhorn • 2663 m

Schön auch aus der Ferne

START | Kandellen (1604 m), 5 km von Toblach (Bahnhof). Parkplatz beim Gasthaus Hofer.
CHARAKTER | Wenig schwierige Gipfelwanderung auf markierten Wegen, die aber aufgrund des Höhenunterschieds (1000 m) etwas Ausdauer verlangt.

11 km
05:45 h
1060 hm
1060 hm

Nicht ganz zufällig sind viele Erhebungen am Rand der Dolomiten als besonders lohnende Aussichtswarten bekannt: Schauen auf das „schönste Bauwerk der Welt" (Le Corbusier), das ist etwas für Genießer. Im Fall des Pfannhorns, das ziemlich genau nordöstlich von Toblach auf der Grenze zu Osttirol steht, kommt neben schönen Talblicken noch die Aussicht auf Rieserfernermassiv und Hohe Tauern dazu. Als ganz große Tour bietet sich dabei der Toblacher Höhenweg an; weniger anstrengend ist eine Besteigung des Pfannhorns von Kandellen aus. Etwa eine Gehstunde unter dem Gipfel steht die renovierte und 2007 neu eröffnete Bonner Hütte.

Die Gipfeltour beginnt auf der Straße, führt vom **Parkplatz** 01 (1604 m) aus zunächst schattig ins Golfental. Bei der **Verzweigung** 02 (1751 m) rechts und dann steiler an dem Rücken zwischen Golfen- und Pfannbach bergan. Nach der vierten Straßenkehre verlässt man die Fahrspur (ca. 1900 m) und folgt dem Ziehweg, der im Zickzack weiter kräftig ansteigt. Im Süden zeigen sich bald die ersten Zinnen der Sextener Dolomiten; eher nachdenklich stimmt der Blick in die schwer von Erosion gezeichnete Südflanke des Pfannhorns (Verbauungen, Aufforstung). Höher am Grashang steht die **Bonner Hütte** 03 (2340 m) – ein schöner Rastplatz gerade noch eine Stunde unterhalb des bereits sichtbaren Gipfelziels.

Start

Oben am **Toblacher Pfannhorn** 04 (2663 m) kann man sich dann anhand einer gut hundert Jahre alten Panoramatafel über all die alpinen Sehenswürdigkeiten im weiten Rund informieren.

Der Abstieg führt zunächst am Grenzkamm entlang nordwärts ins **Pfanntörl** 05 (2508 m). An der Wegspinne links hinunter in die grüne Mulde der Bergalm mit ihren kleinen Lacken. Bei der Bergalmhütte (2085 m) stößt man auf eine Schotterpiste. Sie führt durch den Graben des Golfenbachtals auswärts zu der eingangs erwähnten **Verzweigung** 02. Auf der Straße zurück zum **Parkplatz** 01 bei Kandellen.

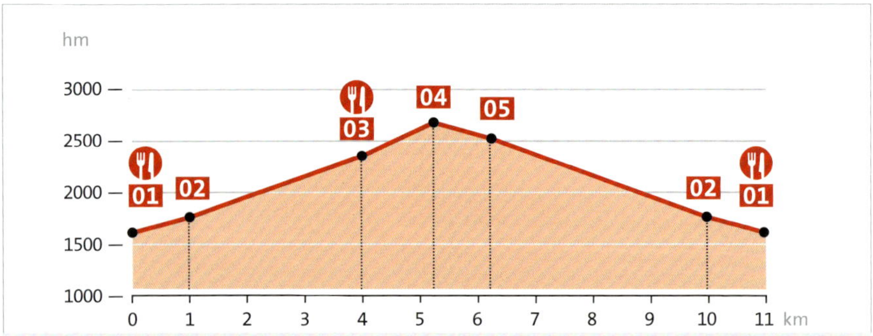

01 Kandellen, 1604 m; 02 Golfental, 1751 m; 03 Bonner Hütte, 2340 m; 04 Toblacher Pfannhorn, 2663 m; 05 Pfanntörl, 2508 m

Aussichtsgipfel vor den Sextener Dolomiten: das Toblacher Pfannhorn

Der Toblacher Höhenweg

Große, landschaftlich sehr lohnende Gipfelrunde, die aber viel Ausdauer verlangt. Gesamtgehzeit ab Silvestertal etwa 10 Std.; Aufstieg über Silvesteralm zum Blankenstein (2483 m) und weiter am Grat zum Gipfel des Toblacher Pfannhorns (2663 m), Übergang zum Hochhorn (2623 m) und Abstieg nach Frondeigen bzw. ins Silvestertal. Durchgehend markierte Wege, Übernachtung in der Bonner Hütte empfehlenswert.

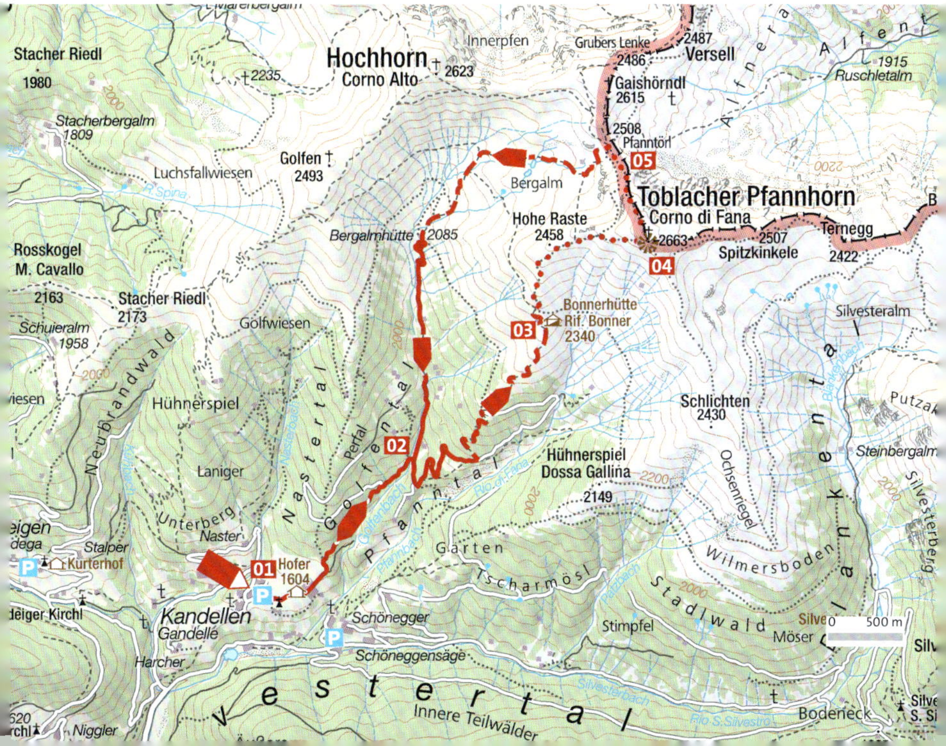

SÜDTIROLER DORF LIFE

Wo jeder jeden kennt

Das Dorf. Ein Ort, wo man morgens vom Nachbars Hahn geweckt wird, jeden zweiten Tag ein Schaf oder eine Kuh durchs Dorf trödelt und wo jeder jeden kennt. Klingt recht friedlich und simpel, oder?

Zumindest denkt man das. In Wahrheit ist das Dorfleben ein komplexer Ort voller kniffligen Beziehungen, mysteriösen Gerüchten und ungeschriebenen Regeln.

Hier sind ein paar Sachen, die du über das Dorfleben in Südtirol wissen solltest:

- Die Wichtigkeit des Grüßens: Wer in einem Südtiroler Dorf nicht grüßt, hat schon verloren. Denn hier ist das Grüßen nicht nur eine Selbstverständlichkeit, sondern auch ein wichtiger Bestandteil des sozialen Lebens. Wer nicht grüßt, gilt als unhöflich, arrogant oder gar als Zugezogener. Also merkt euch: „Grüß Gott!“ „Hoi(la)“ „Servus“ und „Griast di/enk“ sind die Zauberworte, die euch alle Türen öffnen.
- Der Dorfladen: Das Herzstück des Dorfes. Hier trifft man sich zum Tratschen, tauscht Neuigkeiten aus und natürlich hat man dort Zugang zu lokalen Spezialitäten und Angebote, die in einem normalen Supermarkt nicht vorstellbar sind. (Die Heidemarie macht den besten Pims im ganzen Tale!)
- Dorf Gossip: „Der Herrgott weiß alles, der Nachbar weiß mehr“. Im Dorf wird getratscht, aber das natürlich nur hinter vorgehaltener Hand und mit einem unschuldigen Lächeln auf den Lippen. Und wer ein Geheimnis hat, sollte es besser für sich behalten. Denn im Dorf sickert alles durch – früher oder später.
- Das Vereinsleben: Im Dorf gibt es mehr Vereine als Einwohner. Von der Musikkapelle über den Schützenverein bis hin zum Trachtenverein ist alles vertreten. Und wer nicht Mitglied in mindestens einem Verein ist, gilt als Außenseiter. Aber keine Sorge: Es findet sich für jeden der passende Verein – ob man nun musikalisch, sportlich oder einfach nur gesellig ist.

- Sprachliche Vielfalt auf kleinstem Raum: „A jedes Tall isch a Dialekt." So heißt es in Südtirol. Und das stimmt! Selbst zwischen Dörfern, die nur wenige Kilometer auseinander liegen, gibt es feine, aber hörbare Unterschiede im Dialekt. Wer also glaubt, er versteht Südtirolerisch, sollte sich nicht zu früh freuen. Denn im nächsten Dorf klingt schon wieder alles anders. Und wehe, man spricht den Dialekt falsch aus! Dann heißt es bald „Der isch wohl nit von do."

Das Dorfleben in Südtirol ist einzigartig, skurril und liebenswert. Es ist ein Ort, wo wo man das simple und ruhige Leben genießen kann und sich trotz kleiner Streitigkeiten gegenseitig hilft, wenn es „hort auf hort kimp".

ZUM VIDEO

48

Toblacher See

Kultur und Natur

START | Toblach (1241 m), Ortsmitte. Toblach ist Station der Bahnlinie Franzensfeste – Lienz in Osttirol.
CHARAKTER | Rundwanderung in schöner Dolomitenkulisse auf guten Wegen, wenig Steigung. Besonders sehenswert: Alt-Toblach, der Toblacher See, das Naturparkhaus.

13,5 km
03:30 h
140 hm
140 hm

Wer in Toblach nur nach den Dolomitzinnen schaut, verpasst Sehenswertes. Beiderseits der offenen (und zugigen) Wasserscheide (1217 m) zwischen Adria (Rienz) und Schwarzem Meer (Drau) gibt es viel zu entdecken.

Im Ortskern, den die barocke Pfarrkirche mit ihrem hohen Turm beherrscht, stehen noch ein paar historische Bauten wie die Herbstenburg (um 1500). Gustav Mahler verbrachte zwischen 1908 und 1910 jeweils die Sommermonate in Toblach, in dessen Grand Hôtel (heute Kulturzentrum) einst Könige wie Albert von Sachsen und Milan I. von Serbien residierten. Die Rothschilds reisten jeweils gleich mit dem eigenen Luxuswaggon an. Die Herrschaften (und ihre Damen) dürften sich damals auch an der Schönheit des nahen Toblacher Sees delektiert haben, der von Wald umsäumt zwischen den steilen Felsflanken am Eingang des Höhlensteintals liegt.

Start

▶ Von der barocken Pfarrkirche, dem Mittelpunkt des alten Dorfes **Toblach** 01 (1241 m), spaziert man erst durch die Gustav-Mahler-Straße westwärts zu den Häusern von **Gratsch** 02 (1190 m). Hier über die Hauptstraße zur Gustav-Mahler-Stube, dem winzigen Komponierhäuschen des Künstlers, und zum Wildpark. Letzterer dürfte bei den Kindern auf entschieden mehr Interesse stoßen. Zurück zur Rienz, flussaufwärts zum gleichnamigen Weiher, und über die Saghäuser (1220 m) weiter zum Abfluss des nur sechs Meter tiefen **Toblacher Sees** 03 (1251 m).

Man umrundet das idyllische Gewässer im Uhrzeigersinn; mehrere Schautafeln informieren dabei über naturkundliche Aspekte. Der Rückweg führt von den Saghäusern nach **Neutoblach** 04 (1210 m), wo das ehemalige Grand Hôtel einen guten Eindruck vom Lebensstil der Hautevolee des 19. Jahrhunderts vermittelt. Im Kulturzentrum ist auch das „Naturparkhaus Sextener Dolomiten" untergebracht.

Nordwärts zur Pustertaler Straße, die man quert (Lichtsignal), dann leicht steigend auf der St.-Johannes-Straße zurück ins Zentrum von **Toblach** 01.

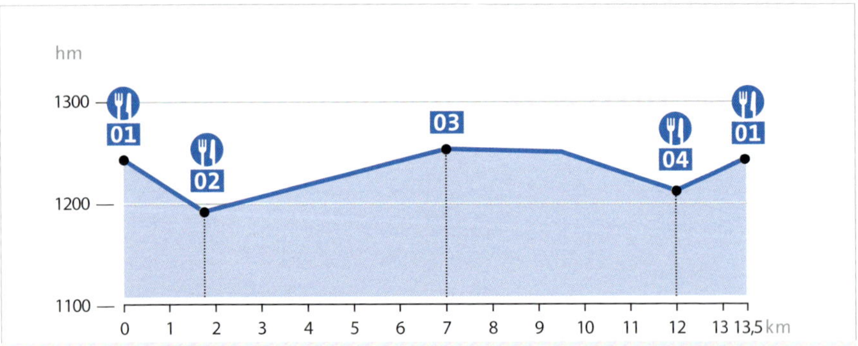

01 Toblach, 1241 m; 02 Gratsch, 1190 m; 03 Toblacher See, 1251 m; 04 Neutoblach, 1210 m

Der Toblacher See am Eingang ins Höhlensteintal

49

Strudelkopf • 2307 m

Logenplatz über dem Höhlensteintal

START | Parkplatz Plätzwiese (1973 m); mautpflichtige Zufahrt ab Gasthaus Brückele, im Hochsommer nur bis 10 Uhr gestattet (Bus).
CHARAKTER | Familienfreundliche Halbtagswanderung vor großer Kulisse. Teilweise alte Kriegswege.

9,5 km
02:45 h
360 hm
360 hm

Die Plätzwiese ist eigentlich ein einziges großes Wanderrevier mit zahlreichen markierten Alm-, Hang- und Gipfelwegen. Nur ein Berg – allerdings der größte hier – ist für Wanderer absolut tabu: die Hohe Gaisl (3146 m). Auch Kletterer meiden den Dreitausender seines fiesbröseligen Gesteins wegen. Ganz anders der Strudelkopf, gerade mal eine Wanderstunde über der Plätzwiese und ein ideales Ziel für die ganze Familie. Dazu passt dann hinterher der (Apfel-)Strudel auf dem Teller bestens ...

Vom **Parkplatz** 01 (1973 m) folgt man der ehemaligen Militärstraße, die nach kurzem Anstieg flach über die Hochalm verläuft. Blickfang ist das mächtige Bergmassiv der Hohen Gaisl mit ihren ausladenden Graten und düsteren Karwinkeln. Dass hier einst Frontgebiet war, macht dem Wanderer das schlichte Denkmal, nur ein paar Schritte vom Parkplatz, klar: „Hier fand eine Geschützbedienung durch einen Volltreffer den Heldentod."

Mehrere Volltreffer bekam 1915 auch das Werk Plätzwiese ab, dessen Ruine gegenüber der **Dürrensteinhütte** 02 (2040 m) an der Plätzwiesenstraße steht. Auch das mächtige Cristallomassiv mit dem eleganten Turm des Piz Popena (3152 m) und dem klotzigen Hauptgipfel (Monte Cristallo, 3221 m), Blickfang im Süden, war 1915–17 Frontgebiet.

Start

Hinter der Dürrensteinhütte leitet ein schmales Weglein, die weite Schleife der alten Militärtrasse abkürzend, durch einen seichten Graben hinauf zum Strudelkopfsattel (2200 m). Hier stößt man wieder auf die Armierungsstraße. Sie peilt über zwei Kehren das große Heimkehrerkreuz am **Strudelkopf** 03 (2307 m) an: kleiner Berg – große Aussicht. Blickfang ist neben dem Cristallostock der berühmteste Dreizack der Dolomiten, die Drei Zinnen (2999 m).

Auf dem Hinweg geht's zurück zum Strudelkopfsattel. Nun auf der ehemaligen Kriegsstraße weiter sanft bergab bis zu einer Gruppe von kurzen Kehren. Hier rechts über Almwiesen zum Dürrenstein-Anstieg und mit ihm hinunter zum Gasthaus Plätzwiese (1991 m) und zurück zum **Parkplatz** 01.

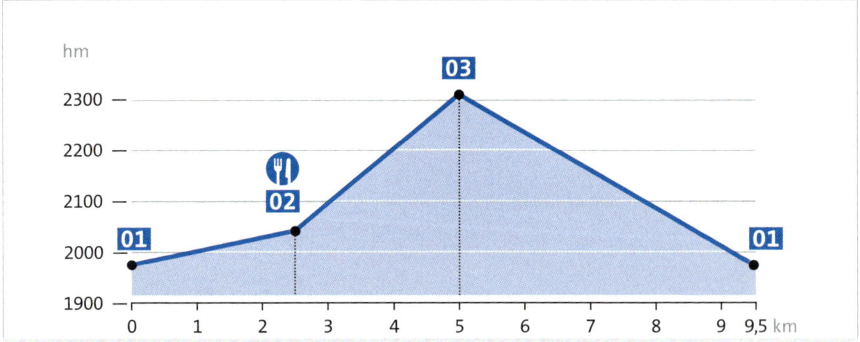

01 Parkplatz Plätzwiese, 1973 m; 02 Dürrensteinhütte, 2040 m; 03 Strudelkopf, 2307 m

Gipfelkreuz am Strudelkopf, Blick zum Dürrensteinmassiv

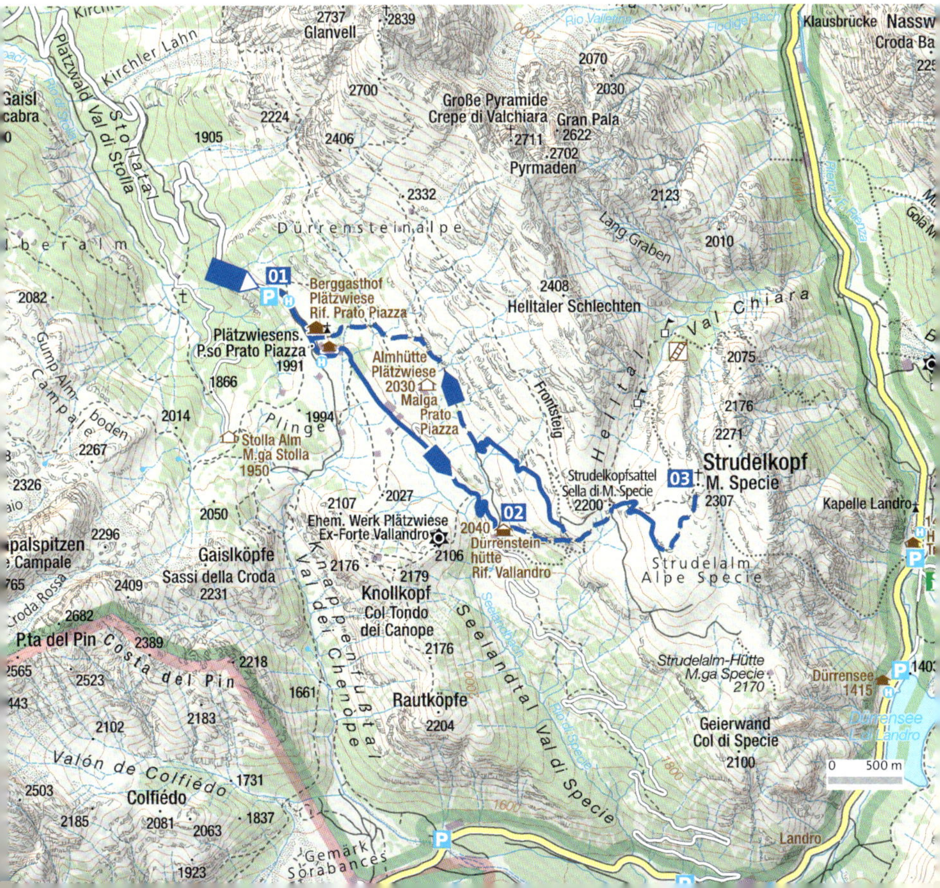

50

Gantraste • 2130 m

Ausguck über dem Pustertal

START | Bergstation des Haunold-Sessellifts (1499 m); Talstation in Innichen (Bahnhof).
CHARAKTER | Recht steile, aber vergleichsweise kurze Wanderung auf einen hübschen „Guck-ins-Land" hoch über dem Pustertal. Trittsicherheit unerlässlich, bei Nässe nicht ratsam.

7 km
03:30 h
640 hm
640 hm

Genau südlich über Innichen erhebt sich die Gantraste, eigentlich nur ein bescheidener Ausläufer des wilden Haunold-Massivs. Sie bietet aber eine bezaubernde Aussicht auf das obere Pustertal und seine Berge. Der Anstieg ist zwar teilweise sehr steil, er wird aber durch den Haunold-Sessellift angenehm verkürzt. Das zerklüftete Bergmassiv hat seinen Namen von einem legendären Riesen Haunold, der zur Zeit der Klostergründung in Innichen (8. Jh.) die Gegend unsicher gemacht haben soll, dann aber in die Berge verbannt wurde.

▶ Von der Bergstation des **Haunold-Sessellift** 01 (1499 m) geht's auf einer Sandpiste rechts kurz abwärts. Am Rand der Lichtung verlässt man die Piste und folgt dem Weg links aufwärts in den Wald. Aussicht gibt's noch keine, dafür ist der Anstieg angenehm schattig. Die Spur leitet in einen Graben, dann links kurz hinauf zu einer Sandstraße und zum nahen **Maierkaser** 02 (1703 m). Bei der Hütte weist ein Holzschild zum Gipfel. Der Weg läuft am oberen Rand der Lichtung entlang, quert einen Bach (Brunnen) und steigt über den steilen Waldhang bergan. Etwa 20 Minuten oberhalb der kleinen Alm knickt er rechts ab, führt weiter steigend zu einer kleinen Waldblöße, dann hinauf zum Nordwestgrat.

Start

An dem leicht felsigen Kamm erreicht man den Gipfel der **Gantraste** 03 (2130 m) mit Kreuz und schöner Aussicht auf das obere Pustertal, das man von der Brunecker Gegend bis zu den Lienzer Dolomiten überschaut. Etwa einen Kilometer tiefer fließt die Drau durch den Flecken Innichen, am nordwestlichen Horizont zeigen sich dunkler Granit und Gletscherweiß: die Dreitausender der Rieserfernergruppe (Hochgall, 3436 m). Im Süden baut sich – fast zum Greifen nahe – das zerklüftete Massiv des Haunolds (2966 m) über mächtigen Geröllreißen auf.

Abstieg: Nur auf dem Anstiegsweg.

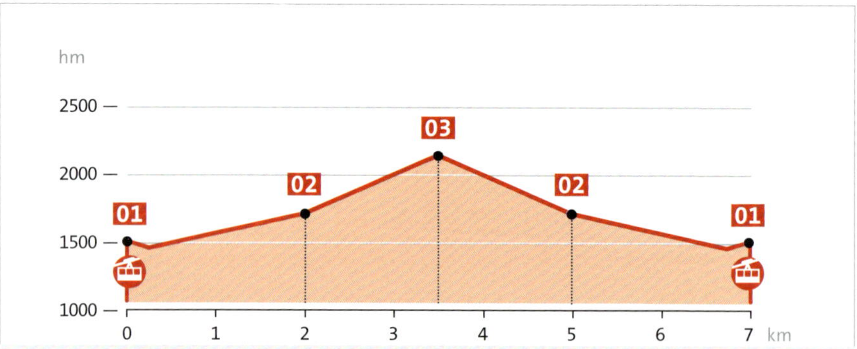

01 Bergstation Haunold-Sessellift, 1499 m; 02 Maierkaser, 1703 m; 03 Gantraste, 2130 m

Das Dorf Innichen im Pustertal

51 Fischleintal

Der schönste Sextener Spaziergang

START | Sexten (1316 m), Parkmöglichkeit im Ort; Bushalt.
CHARAKTER | Gemütliche Talwanderung ohne nennenswerte Steigungen mit Einkehr am Wendepunkt.

13 km
03:00 h
210 hm
210 hm

Wenn es einen Flecken in den Sextener Dolomiten gibt, der so ganz unserer Vorstellung einer Dolomitenidylle entspricht, dann ist es wohl der Fischleinboden. Da verbinden sich Formen und Farben zu einem vollkommenen Bild, vor allem natürlich im Herbst, wenn die Lärchen sich verfärben, golden aufflammen, und der Himmel sein tiefstes Blau zeigt. Über den mit Latschen bewachsenen Hängen ragt hellgrauer Fels in den Himmel, zur Rechten massig die Dreischusterspitze (3145 m), links Rotwand (2965 m) und Elfer (3092 m), im Talhintergrund der Zwölfer (3094 m): Naturwunder Fischleintal.

Fisch gibt es allerdings höchstens auf der Speisekarte des Hotels Dolomitenhof (das übrigens seit vielen Generationen im Besitz der Bergführerdynastie Innerkofler ist). Bei der deutschen Bezeichnung für dieses Dolomitental handelt es sich nämlich um eine Verballhornung des lateinischen „fiscalina", was so viel bedeutet wie „zum königlichen Fiskus gehörend" bzw. tributpflichtig. In diesem einen Fall kommt die italienische Bezeichnung Val Fiscalina der Namenswurzel näher – allerdings eine seltene Ausnahme!

Start

▶ In der Ortsmitte von **Sexten** 01 (1316 m) über den Bach (Tafeln) und auf einem Sträßchen zunächst flach über den Wiesenplan, dann rechts haltend kurz bergan zum „Waldweg Fischleintal", der in sanftem Anstieg den Taleingang ansteuert. Hier kommt man an den spärlichen Überresten des ehemaligen Festungswerks Haideck (1413 m) vorbei. Weiter über schöne Lärchenwiesen zum **Großparkplatz** (1454 m) beim **Hotel Dolomitenhof** 02 (Dienstag Ruhetag) und auf einem Sandsträßchen (alternativ auch ein markierter Weg) über den licht bewaldeten Fischleinboden zur **Talschlusshütte** 03 (1548 m) (Nebensaison: Donnerstags Ruhetag).

Zurück zum **Hotel Dolomitenhof** 02, dann links des Fischleinbachs auf einem Fahrweg nach **Bad Moos** 04 (1353 m) und am Sportzentrum vorbei hinein zum Ausgangspunkt der Wanderung in **Sexten** 01.

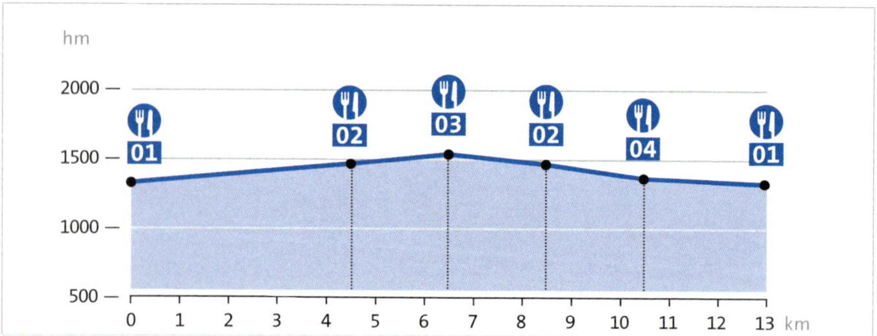

01 Sexten, 1316 m; 02 Parkplatz Fischleinboden, 1454 m; 03 Talschlusshütte, 1548 m; 04 Bad Moos, 1353 m

Im Fischleinboden ist der Blickfang der elegante Felsbau des mächtigen Einserkofels

52 Helm und Hornischegg • 2550 m

Was für eine Schau!

START | Bergstation der Helm-Gondelbahn (2041 m); Talstation in Sexten.
CHARAKTER | Aussichtsreiche Höhen- und Grenzkammwanderung mit langem Abstieg (Teleskopstöcke). Durchwegs ordentliche, markierte Wege.

15,5 km
04:45 h
590 hm
1320 hm

„An keiner anderen Stelle der Alpen stehen die Gipfel einer bestimmten Berggruppe so unmittelbar und vollständig da wie hier die Gipfel der Sextener Dolomiten, dabei so klar und übersichtlich, dass man sie, ehe man sie wirklich betritt, gewissermaßen schon mit den Augen durchwandern kann."

Was Karl Springenschmid vor ein paar Jahrzehnten schrieb, hat auch heute noch seine Gültigkeit, nur ist der Weg zur herrlichen Aussicht inzwischen wesentlich kürzer geworden. Mit der Seilbahn schwebt man in ein paar Minuten bis zur Waldgrenze hinauf, und eine Stunde später steht man dann auf dem Gipfel, die Parade der Sextener Dolomiten vor sich und die Hohen Tauern mit Großvenediger und Großglockner im Rücken. Was für eine Schau!

Start

Von der Bergstation der **Helmbahn** 01 (2041 m) führt eine Sandstraße in angenehmer Steigung zur **Hahnspielhütte** 02 (2150 m) und in weitem Bogen hinaus zum Südwestgrat des Helms. Hier links und in kurzem Zickzack an dem schrofigen Rücken direkt zum **Helmgipfel** 03 (2434 m) mit dem ehemaligen Zollhaus und großem Panorama. Gut einzusehen ist auch der Weiterweg am Grenzkamm entlang zur **Sillianer Hütte** 04 (2447 m) und weiter zum **Hornischegg** 05 (2550 m), größtenteils auf dem „Karnischen Höhenweg". In der Karmulde östlich unter dem Gipfel liegen die winzigen Hollbrucker Seen.

Der Abstieg führt zunächst ostwärts hinunter in die Gratsenke (2483 m) zwischen Hornischegg und Hollbrucker Spitze (2580 m). Man traversiert sie zu der signalisierten Abzweigung ins Klammbachtal: in einer weiten Rechtsschleife bergab und über die teils grasige, teils schrofige Südflanke des Hornischeggs – zuletzt über ein paar Schleifen – hinunter zur **Klammbachhütte** 06 (1944 m).

Von der Jausenstation erst flach, dann fallend in den Graben des Kampenbachs, wo man auf eine Straße trifft. Sie führt über das Negerdorf (1705 m) in

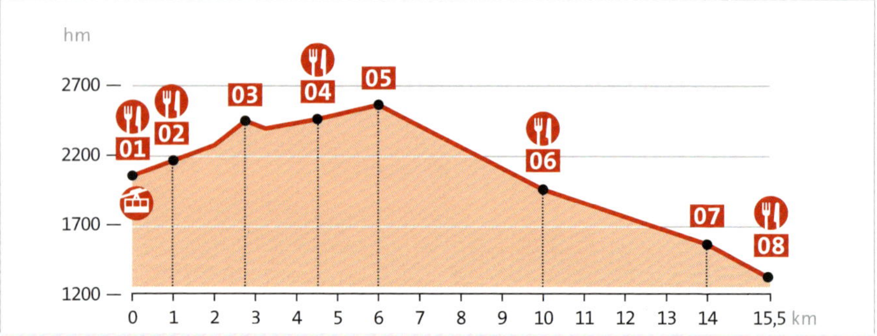

01 Bergstation Helm-Gondelbahn, 2041 m; 02 Hahnspielhütte, 2150; 03 Helm, 2434m; 04 Sillianer Hütte, 2447 m; 05 Hornischegg, 2550 m; 06 Klammbachhütte, 1944 m; 07 Mitterberg, 1550 m; 08 Sexten, 1316 m

Panorama der Sextner Dolomiten vom Heimatsteig gesehen

zwei Kehren hinunter zur ehemaligen **Festung Mitterberg** 07 (1550 m) und zum Gasthaus Panorama.

Zuletzt auf einem Weg schräg bergab nach **Sexten** 08 (1316 m). Durch den Ort zum Parkplatz der Helmbahn.

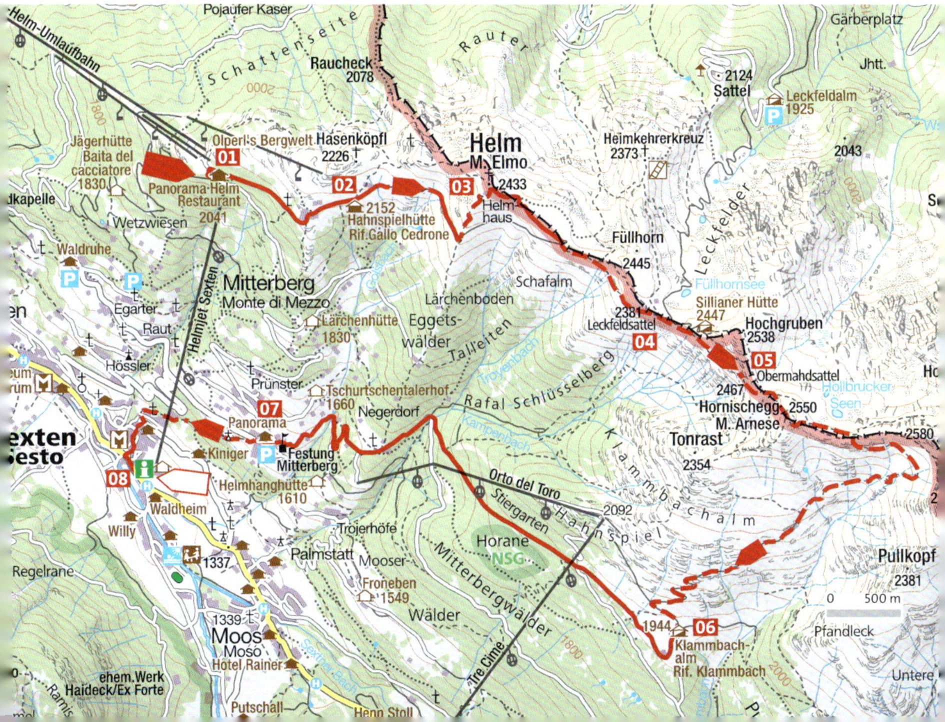

53 Alpe Nemes • 1877 m

Almwandern mit Aussicht

START | Moos (1339 m), Ortsteil von Sexten an der Straße zum Kreuzbergpass (Bushalt).
CHARAKTER | Wenig anstrengende, aber recht lange Almwanderung auf guten Wegen (teilweise Sandstraßen).

16 km
05:15 h
790 hm
790 hm

Die größten und schönsten Almreviere von Sexten liegen im Osten, nahe der Provinzgrenze unter dem Karnischen Hauptkamm. Wer hinauffährt zum Kreuzbergpass bekommt eine Ahnung von den stillen Schönheiten dieses Landstrichs mit seinen Lärchenwäldern und den ausgedehnten Almwiesen.

In der Nähe der Nemesalm (1877 m) entdeckt man ein ganz spezielles Biotop, ein Hochmoor, das heute unter Naturschutz steht (Seikofel – Nemesalm). Und was die Almwirtschaft liefert – auch Natur im guten Sinne –, kommt in den Einkehrstationen gleich auf den Tisch: Milch, Käse. Probieren mal!

Die Runde startet recht steil, führt von **Sexten-Moos** 01 (1339 m) über Palmstatt hinauf zur **Helmhanghütte** 02 (1610 m) in schöner Lage über dem Ort. Weiter über Lärchenwiesen bergan zu einer Erschließungsstraße, die leicht steigend in den Graben des Kampenbachs führt. Über den Bach und links (Wegweiser) an dem bewaldeten Rücken des Stiergartens aufwärts, dann flacher über freie Wiesenböden zur schön gelegenen **Klammbachhütte** 03 (1944 m).

Start

Die Fortsetzung der Runde führt – nochmals leicht zu **Punkt 2041 m** 04 ansteigend – um das Pfandleck herum in den Graben des Pullbachs. Auf einem Fahrweg wandert man hinunter zur **Alpe-Nemes-Hütte** 05 (1877 m) nahe der Provinzgrenze. Nun auf der Sandstraße zum Hochmoor unter dem Seikofel (1908 m) und durch die lichte Talmulde des Almbachs zu der Straßenspinne am Klammbach. Den Wegzeigern folgend im Wald hinab und hinaus nach **Sexten-Moos** 01.

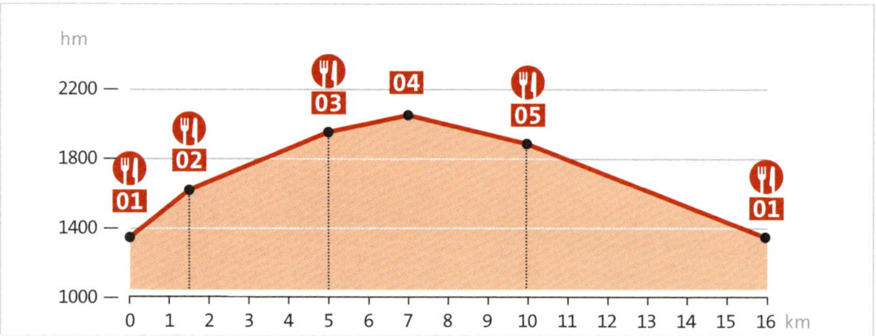

01 Sexten-Moos, 1339 m; 02 Helmhanghütte, 1610 m; 03 Klammbachhütte, 1944 m;
04 Punkt, 2041 m; 05 Alpe-Nemes-Hütte, 1877 m

Immer im Blick auf der Runde: die Sextener Dolomiten

Vom Kreuzbergpass über die Klammbachhütte nach Sexten

Man kann die Almwanderung auch oben am Kreuzbergpass (1636 m; Bushalt) starten; die Markierung 131 leitet durch eine liebliche Hügellandschaft, teils Waldstraßen folgend, zur Alpe-Nemes-Hütte (1877 m). Weiter über die Klammbachhütte und die Helmhanghütte wie oben (in umgekehrter Richtung) beschrieben; Gehzeit etwa 5 Std.

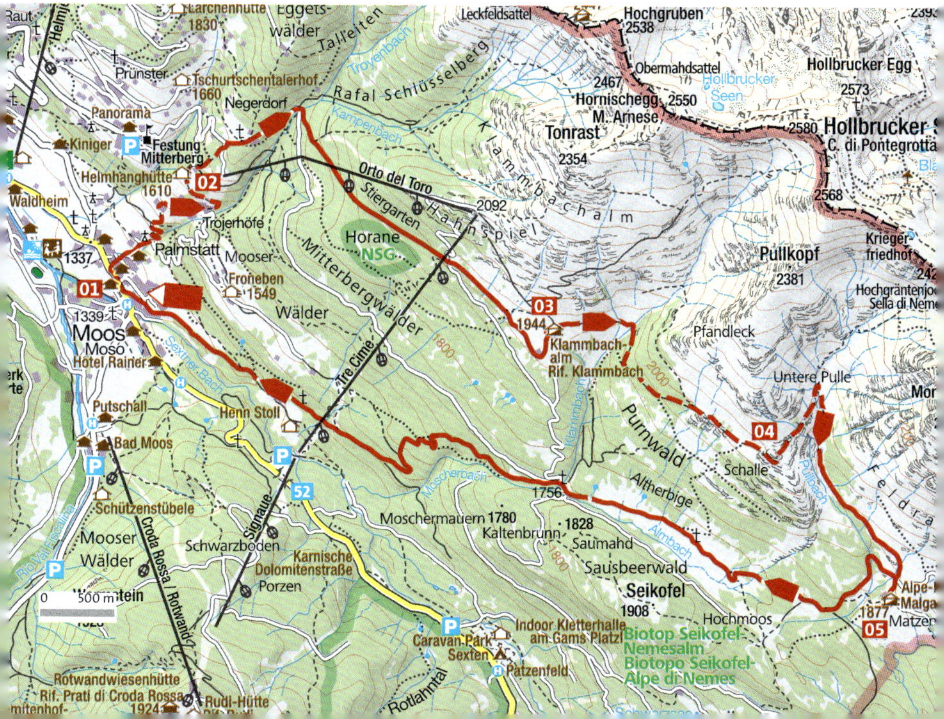

54

Rund um die Drei Zinnen

Das berühmteste Profil der Dolomiten

9,5 km
03:15 h
370 hm
370 hm

START | Rifugio Auronzo (2320 m) am Endpunkt der „Drei-Zinnen-Straße“, 8 km von Misurina. Riesenparkplatz, Bushalt.
CHARAKTER | Wenig anstrengende Runde um das weltberühmte Dreigestirn, im Hochsommer allerdings oft Kolonnenwandern bis zur Drei-Zinnen-Hütte. Wer erst am Nachmittag losgeht, hat weniger Gesellschaft unterwegs und kann – mit etwas Glück – das abendliche Farbspektakel an den Nordwänden der Drei Zinnen erleben.

Wer dem steinernen Dreizack nicht gleich aufs Haupt steigen mag (Klettertour!), sollte ihn wenigstens umwandern. Das geht auf gut markierten Wegen ganz leicht und beschert einmalige Eindrücke der Sextener Bergwelt und ihres Vorzeigestücks – und wer nicht bloß Stein ablichten mag, bekommt garantiert ein paar originelle Motive vor die Linse. Der Weg zum Paternsattel ist so etwas wie ein alpiner Mode-Laufsteg: poppigbunt und kitschig, Loden und Lycra, Jung und Alt. Oben am Sattel gibt's dann den großen Drei-Zinnen-Blick, als Zugabe vielleicht sogar ein paar Kletterer, die hoch im Fels ihre waghalsigen Turnübungen absolvieren.

Start

Vom Großparkplatz beim **Rifugio Auronzo** 01 führt ein ehemaliger Kriegsfahrweg unter den Südwänden der Drei Zinnen – vorbei an der Cappella degli Alpini – hinüber zum Rifugio Lavaredo (2344 m). Er bietet Aussicht übers Ansiei-Tal bis zur einsamen Marmarole-Gruppe; im Süden stehen die bizarren Zacken der Cadini.

Oben am 2454 m hohen **Paternsattel** 02 sind selbstverständlich die Drei Zinnen der absolute Blickfang; am Weiterweg hinüber zur **Drei-Zinnen-Hütte** 03 (2405 m) guckt man gelegentlich auch nach rechts, hinauf in die Westwand des Paternkofels (2744 m). In seinem Nordgrat, unweit des Schutzhauses, steht die verwegene Felsskulptur des „Frankfurter Würstls“.

Am Toblinger Riedl zeigen sich dann über der Bödenalpe auch ein paar Zeiger der berühmten „Sextener Sonnenuhr“: Rotwand, Elfer, Zwölfer, Einser.

Der Weiterweg führt in ein paar Schleifen hinunter zum Rienzboden, dann vor den Nordwänden der Drei Zinnen mit einem längeren Gegenanstieg über die Lange Alm. An den Tümpeln beim Col Forcellina (2232 m, Rienzquelle) vorbei zur **Langalm** 04 (2235 m) und hinauf zu einem Grasrücken,

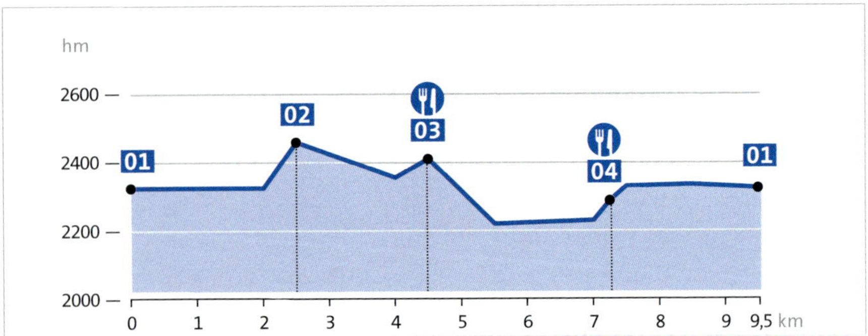

01 Rifugio Auronzo, 2320 m; 02 Paternsattel, 2454 m; 03 Drei-Zinnen-Hütte, 2405 m; 04 Langalm, 2235 m

Das beliebte Fotomotiv: die Drei Zinnen

Einkehr vor den Zinnen-Nordwänden: die Langalm und am Horizont das Rautkofelmassiv

von dem man einen letzten großartigen Blick (Abend!) auf das steinerne Monument genießt.

Hinüber zur Forcela Col de Mezzo (2324 m) und mit Aussicht auf Cadini, Sorapìs und Cristallo zurück zum **Rifugio Auronzo** **01**.

Rund um den Einser

Die große Sextener Wanderrunde

55

START | Parkplatz Fischleinboden (1454 m), Zufahrt von Sexten (Bushalt), großer Parkplatz.
CHARAKTER | Große Runde auf ordentlich markierten, viel begangenen Wegen. Trittsicherheit und Ausdauer notwendig. Einmalige Kulisse, ständig neue, faszinierende Perspektiven der Sextener Bergwelt.

18 km
06:45 h
1160 hm
1160 hm

Der absolute Wanderklassiker in den Sextener Dolomiten ist die große Tour um den Einser, und das nicht ohne Grund. Aus dem Wegverlauf ergeben sich immer wieder neue, faszinierende Szenerien mit den Drei Zinnen als einem der Höhepunkte; drei bewirtschaftete Hütten unterwegs bieten sich zur Einkehr und Rast an. Dass man an Schönwettertagen da nicht allein unterwegs ist, versteht sich fast von selbst, doch das schmälert die Freude nur wenig. Fast mehr Probleme als die vielen Gleichgesinnten macht die Frage der Gehrichtung: mit oder gegen den Uhrzeiger? Beide Varianten haben ihren Reiz; wählt man den Aufstieg durch das Altensteintal, stehen die Drei Zinnen (2999 m) unter der hohen Mittagssonne, dafür präsentiert sich dann die Kulisse des Bacherntals mit Zwölfer, Elfer und Rotwand besonders schön im schräg einfallenden Licht der Nachmittagssonne. Natürlich kann man auch am Nachmittag zur Drei-Zinnen-Hütte aufsteigen und die herrliche Abendstimmung an den „Drei" genießen, um anderntags den Weiterweg unter die Füße zu nehmen. Dabei eröffnet sich die Möglichkeit, noch den einen oder anderen Gipfel „mitzunehmen": Klettersteigler werden den Paternkofel oder den Toblinger Knoten anpeilen.

Start

Vom großen **Parkplatz** 01 im Fischleintal (1454 m) fast eben über den licht bewaldeten Fischleinboden zur **Talschlusshütte** 02 (1548 m), wo das Gros der Ausflügler ein- und umkehrt, dann westlich ansteigend ins Altensteintal. Bei der Weggabelung (1631 m) geradeaus. Zur Linken ragen die Nordwände von Einser (2698 m; Bergsturz von 2007) und Oberbachernspitzen (2677 m) in den Himmel, im Talhintergrund zeigen sich über der Bödenalpe die bizarren Zackenprofile von Paternkofel (2744 m) und Toblinger Knoten (2617 m).

Zwischen den beiden Gipfeln, in der Senke des Toblinger Riedls (2405 m), steht die **Drei-Zinnen-Hütte** 03, die der viel begangene Weg, zuletzt nur mehr mäßig steigend, in einem weiten Linksbogen anpeilt. Und dann stehen sie da, die Drei Zinnen, aus dem weiten Geröllboden der Lange Alm aufsteigend – was für ein Bild!

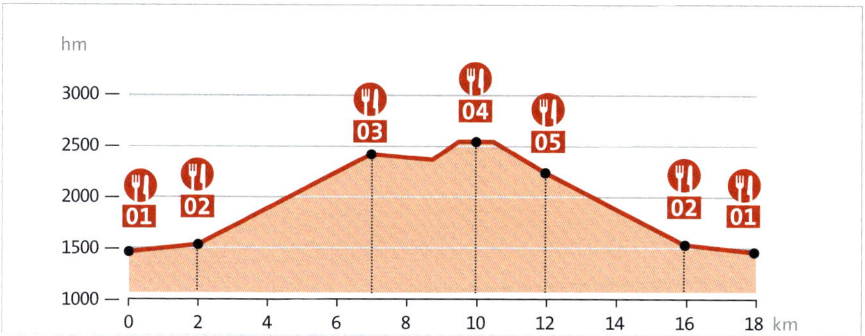

01 Parkplatz Fischleinboden, 1454 m; 02 Talschlusshütte, 1548 m; 03 Drei-Zinnen-Hütte, 2405 m; 04 Büllelejochhütte, 2528 m; 05 Zsigmondyhütte, 2224 m

Auf Höhenwegen durch die Sextener Dolomiten

Eine Tour der Superlative, drei oder (besser) vier Tage zwischen Tal und (Dolomiten-)Traum, vom Misurinasee bis nach Sexten auf markierten Wegen und Klettersteigen. Routenverlauf: Col de Varda (2115 m; Sessellift von Misurina) – „Sentiero Bonacossa" – Rifugio Fonda Savio (2367 m) – Rifugio Auronzo (2320 m) – Lange Alm – Drei-Zinnen-Hütte (2405 m) – „De Luca-Innerkofler-Steig" – Paternkofel (2744 m) – „Schartenweg" – Büllelejoch (2522 m) – Büllelejochhütte (2528 m) – Zsigmondyhütte (2224 m) – „Alpinisteig" – Sextener Rotwand (2936 m) – Rotwandwiesen (1914 m; Gondellift nach Bad Moos). Reine Gehzeit etwa 18 Std., Wander- und Klettersteigausrüstung, Schlafsack-Inlet.

Der Weiterweg führt, unter dem mit zahlreichen Türmen und Zacken („Frankfurter Würstl") bestandenen Nordgrat des Paternkofels, leicht bergab zur Bödenalpe mit ihren Seeaugen. Man quert die Geröllhänge unter den Bödenknoten, dann geht's auf ausgetretener Geröllspur steil bergan ins Büllelejoch (2522 m) mit Prachtblick zum wuchtigen Zwölfer (3094 m). Nur ein paar Gehminuten weiter nordöstlich steht die schmucke B**üllelejochhütte** 04 (2528 m).

Ein aus dem Fels gesprengtes Band leitet flach zum nahen Oberbachernjoch (2519 m), wo sich ein stimmungsvoller Blick auf die Felskulisse des Bacherntals auftut. Breitmassig der Elfer (3092 m), von dem sich ein hoher Gratrücken südwärts über den Zsigmondykopf (2998 m) und die Hochbrunnerschneid (3046 m) bis zum Monte Giralba (2995 m) hinzieht. Nicht zu übersehen ist der düstere Karwinkel des Inneren Lochs, durch den der Aufstieg zur Hochbrunnerschneid verläuft, ebenso die mächtige Geröllterrasse an der Westflanke des Elfers, über die der „Alpinisteig" verläuft. Diese herrliche Aussicht begleitet den Wanderer nun auf dem Weg hinunter zur **Zsigmondyhütte** 05 (2224 m), die sich einer unvergleichlich schönen Lage vor dem Zwölferkofel (3094 m) erfreut.

Vom Schutzhaus in ein paar Schleifen über steile und steinige Hänge bergab gegen das Bacherntal, dann hoch an seiner linken Flanke dahin, zuletzt wieder steiler hinunter bis zur Weggabelung am Eingang ins Altensteintal (1631 m).

Auf dem Hinweg – an der **Talschlusshütte** 02 (1548 m) vorbei – zurück zum **Großparkplatz** 01 beim Hotel Dolomitenhof.

Drei-Zinnen-Hütte, Paternkofel und Drei Zinnen

Die Bödenseen, Blick auf den Zwölferkofel

ALMEN

Auf der Olm do gibs kuan Sünd

Die Alm. Ein Sehnsuchtsort für gestresste Stadtmenschen und ein Arbeitsplatz mit Traumblick für die Bergbauern und Pächter.

Eigentlich könnten Welten zwischen diesen beiden Gruppen liegen, auf der Alm verschmelzen sie zu einer harmonischen Einheit – meistens zumindest.

Da sind die Wanderer, die mit leuchtenden Augen die Serpentinen hinauf keuchen, die klare Bergluft inhalieren und sich an den friedlich grasenden Kühen erfreuen. Sie suchen die Ruhe, die Natur und die kulinarischen Köstlichkeiten, die die Almhütte zu bieten hat. Und da ist der Almwirt, der mit Herzblut und harter Arbeit dafür sorgt, dass sich seine Gäste rundum wohlfühlen.

Natürlich gibt es auch mal kleine Reibereien. Wenn jemand unwissentlich ein Kalb streichelt und von der misstrauischen Mutterkuh zurechtgewiesen wird. Oder der Almwirt, der genervt ist, weil manche Touristen die Alm mit einem 5-Sterne-Resort verwechseln. Aber im Großen und Ganzen überwiegt das Verständnis füreinander.

Der Besucher kann dem Alltag entfliehen und neue Kraft tanken, der Almwirt kann seine Produkte verkaufen und seine Traditionen mit neugierigen Urlaubern teilen. Und am Ende sitzen sie alle gemeinsam auf der Sonnenterrasse, genießen die Brettljause, den Kaiserschmarrn und das kühle Bier – und sind sich einig, dass das Almleben einfach etwas Besonderes ist.

Do gibts koa wlan

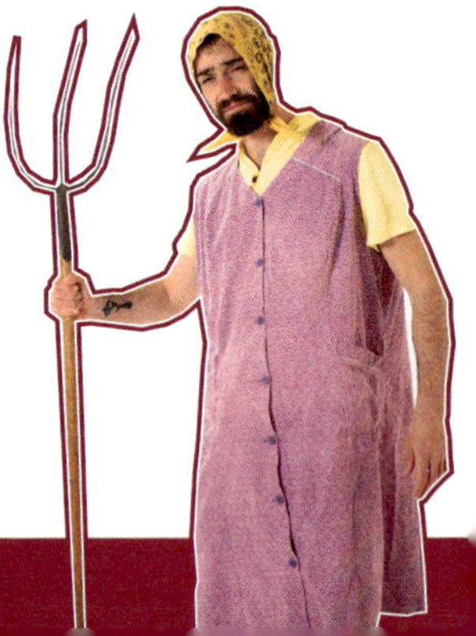

OPA WALTERS UND OMA MOIDLS ALMTIPPS:

- Je härter es war, die Alm zu erreichen, desto mehr Genuss wirst du erfahren.
- Sei nicht bescheiden bei deiner Bestellung, auf der Alm schmeckt alles besser.
- Ein Almbesuch ohne Kaiserschmarren ist nur eine halbe Sache.
- Gönn dir ein „Verdauungsschnapsl“, bevor du die Hütte verlässt.
- Besuche nicht nur die bekanntesten Almen, sondern lass dich auch von den weniger bekannten urigen Almhütten überraschen (Du wirst staunen).

ZUM VIDEO

laz a Marend!

@BUONOMEMES
AUF INSTAGRAM

@BUONOMEMES
AUF YOUTUBE

Buono

Die Route für unterwegs

GPS-Daten zum Download

Mit den GPS-Daten bekommst du den jeweiligen Wegverlauf als Route für die digitale Karte. Der Wegverlauf spiegelt dabei den jeweiligen Stand zu Redaktionsschluss wieder. Deshalb sollte man die Route immer mit den aktuellen Gegebenheiten abgleichen. Hier geht es zum Download:

www.kompass.de/gps

GPS-Daten

GPX ist ein Datenformat für Geodaten. Mit einem GPX-Track bekommst du die rote Linie, also den Pfad, als geografische Koordinaten.

IMPRESSUM

© KOMPASS-Karten GmbH
Karl-Kapferer-Straße 5, A-6020 Innsbruck
support@kompass.at
www.kompass.de/service/kontakt

1. Auflage 2026 (26.01)
Verlagsnummer: 6109
ISBN: 978-3-99154-542-2

Konzept & Ausarbeitung: KOMPASS-Karten GmbH mit Buonomemes
Grafische und kartografische Herstellung: © KOMPASS-Karten GmbH
Verwendung OpenStreetMap Contributors (www.openstreetmap.org)
Coverbild: Die Seiser Alm © Lukas - stock.adobe.com
U4: Villnösstal in Südtirol mit Blick zur Geisslergruppe © mmphoto - stock.adobe.com

Bild- und Textnachweis:
Texte (sofern nicht anders angegeben): Gabriel Mair, Buono And Friends GmbH
Bilder (sofern nicht anders angegeben): Eva Plattner, Buono And Friends GmbH
S.7: travelpeter - stock.adobe.com; S.12: C.Rinckes - stock.adobe.com; S.12: Manuel Schönfeld - stock.adobe.com; S.12: Dietmar Mitterer-Zublasing - stock.adobe.com; S.13, 72: Ingo Bartussek - stock.adobe.com; S.13: frangipani.s - stock.adobe.com; S.13, 132: Martin Eerdniss- stock.adobe.com; S.13: Dan Breckwoldt - stock.adobe.com - stock.adobe.com; S.14: JFL Photography - stock.adobe.com; S.15: Frank Krautschick - stock.adobe.com; S.16: Jenny Sturm - stock.adobe.com; S.24: C.Rinckes - stock.adobe.com; S.27: Boris Stroujko - stock.adobe.com; S.29: Chris - stock.adobe.com; S.31, 33, 37, 39: Föger, Manfred; S.35: Eberhard Spaeth - stock.adobe.com; S.41: RS.Foto - stock.adobe.com; S.42: Diana Taliun - stock.adobe.com; S.44: Manuel Schönfeld - stock.adobe.com; S.8 47, 53, 55, 56, 59, 67, 70, 71, 75, 79, 80, 85, 86, 91, 95, 99, 111, 113, 117: Franziska Baumann; S.49: Uwe Beer - stock.adobe.com; S.51: bill_17 - stock.adobe.com; S.61: Robert Jank - stock.adobe.com; S.61: topics - stock.adobe.com; S.64: Fabio Sacchi - stock.adobe.com; S.75: Fotolyse - stock.adobe.com; S.81: Fotolyse - stock.adobe.com; S.82: neirfy - stock.adobe.com; S.89: franke 182 - stock.adobe.com; S.92: Dietmar Mitterer-Zublasing - stock.adobe.com; S.97, 104: Mark Zahel; S.100: frangipani.s - stock.adobe.com; S.103: andrzej2012 - stock.adobe.com; S.109: Cavan - stock.adobe.com; S.115, 179: Fabian Künzel; S.119, 121, 125, 126, 131, : Moczynski, Raphaela; S.123: Composer - stock.adobe.com; S.127: Roman Huber; S.129: Omm-on-tour - stock.adobe.com; S.135, 136, 143: Thomas Kargl; S.139: Menno van der Haven - stock.adobe.com; S.141, 155, 167, 169, 182: Manfred Kostner; S.144: Wolfgang Mücke - stock.adobe.com; S.147: Bildagentur-o - stock.adobe.com; S.149: cmfotoworks - stock.adobe.com; S.149, 157, 159, 163, 177, 183: Eugen E. Hüsler, Manfred Kostner, ; S.153: Augustin Florian - stock.adobe.com; S.160: Dan Breckwoldt - stock.adobe.com; S.171: evoks24 - stock.adobe.com; S.173: Manfred Kostner; S.175: Hans-Martin Goede - stock.adobe.com; S.180: Picasa; S.184: by-studio - stock.adobe.com

Alle Angaben und Tourenbeschreibungen wurden nach bestem Wissen gemäß unserer derzeitigen Informationslage gemacht. Alle Wander- und Radtouren wurden sehr sorgfältig ausgewählt und beschrieben. Es können jedoch Änderungen an Wegen und im aktuellen Naturzustand eintreten. Radfahrer und alle Wanderer müssen darauf achten, dass sich aufgrund ständiger Veränderungen die Wegzustände bezüglich Begeh- und Befahrbarkeit nicht mit den Angaben im Buch decken müssen. Bei der großen Fülle des bearbeiteten Materials sind daher vereinzelte Fehler und Unstimmigkeiten nicht vermeidbar. Die Verwendung dieses Outdoorführers erfolgt ausschließlich auf eigenes Risiko und auf eigene Gefahr, somit eigenverantwortlich. Eine Haftung für etwaige Unfälle oder Schäden jeder Art wird daher nicht übernommen. Für Berichtigungen und Verbesserungsvorschläge ist die Redaktion stets dankbar: www.kompass.de/service/kontakt

FSC
www.fsc.org
MIX
Papier aus verantwortungsvollen Quellen
FSC® C015829

KOMPASS
Südtirol
Dolomiten
1:150 000
Panorama
Komm, lass mal nach
Südtirol in den Urlaub fahren.